Impressum
Verlag: BABADADA GmbH, Nedderfeld 112 , 22529 Hamburg
Geschäftsführer / Verlagsleitung: Harald Hof
Druck: Books on Demand GmbH, In de Tarpen 42, 22848 Norderstedt

Imprint
Publisher: BABADADA GmbH, Nedderfeld 112 , 22529 Hamburg, Germany
Managing Director / Publishing direction: Harald Hof
Print: Books on Demand GmbH, In de Tarpen 42, 22848 Norderstedt

koulu
sekolo

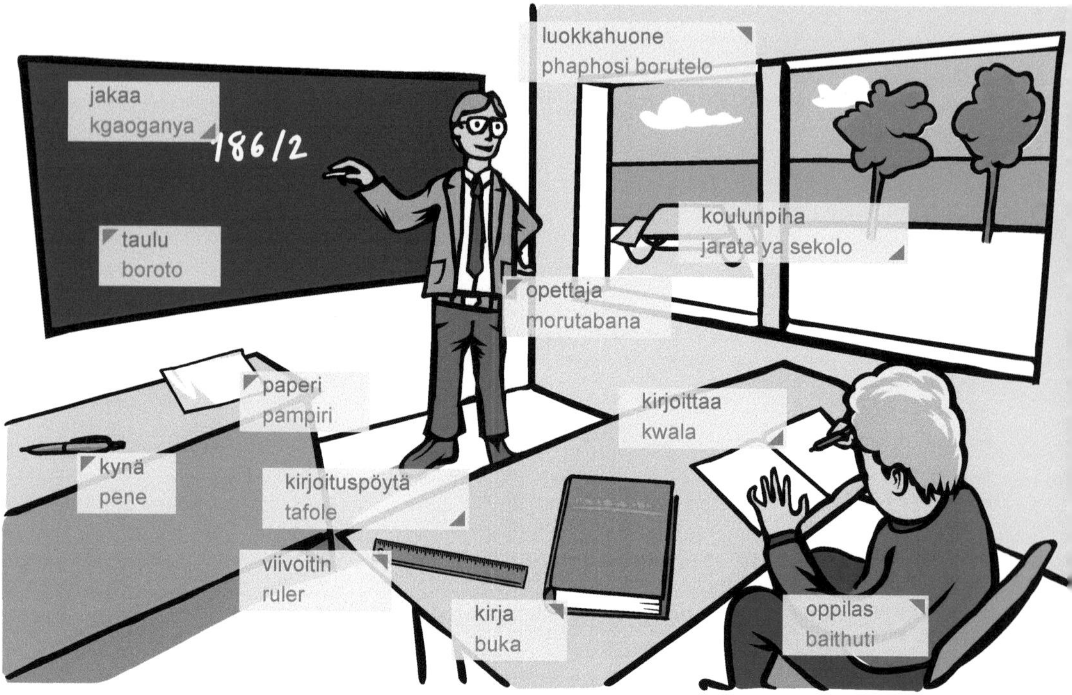

luokkahuone
phaphosi borutelo
jakaa
kgaoganya
186/2
taulu
boroto
koulunpiha
jarata ya sekolo
opettaja
morutabana
paperi
pampiri
kirjoittaa
kwala
kynä
pene
kirjoituspöytä
tafole
viivoitin
ruler
kirja
buka
oppilas
baithuti

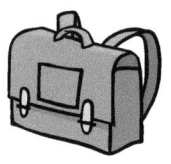

reppu

kgetsana ya dibuka

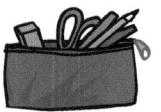

penaali

setsenya dipensele

lyijykynä

pensele

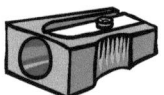

kynänteroitin

seseta pensele

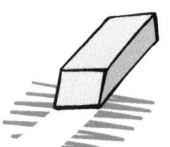

pyyhekumi

sephimola

piirustuslehtiö

boto ya go torowa

piirustus

torowa

pensseli

boratšhe jwa pente

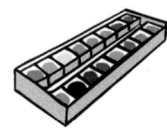

vesivärit

bokose ya pente

sakset

dikere

liima

sekgomaretsi

harjoituskirja

buka ya go kwalela

kotitehtävä

tirogae

luku

palo

lisätä

tlhakanya

vähentää

kgaoganya

kertoa

atisa

laskea

khalkhuleitara

kirjain

lekwalo

aakkoset

alfabete

hello

sana

lefoko

teksti

mafoko

lukea

bala

liitu

choko

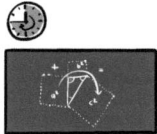

oppitunti

thuto

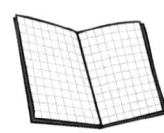

opettajan muistikirja

rejistara

koe

tlhatlhobo

todistus

setifikeiti

koulupuku

diaparo tsa sekolo

koulutus

thuto

sanakirja

encyclopedia

yliopisto

unibesithi

mikroskooppi

mikoroskoupo

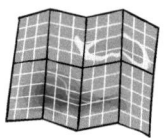

kartta

mmepe

roskakori

moteme wa dipampiri

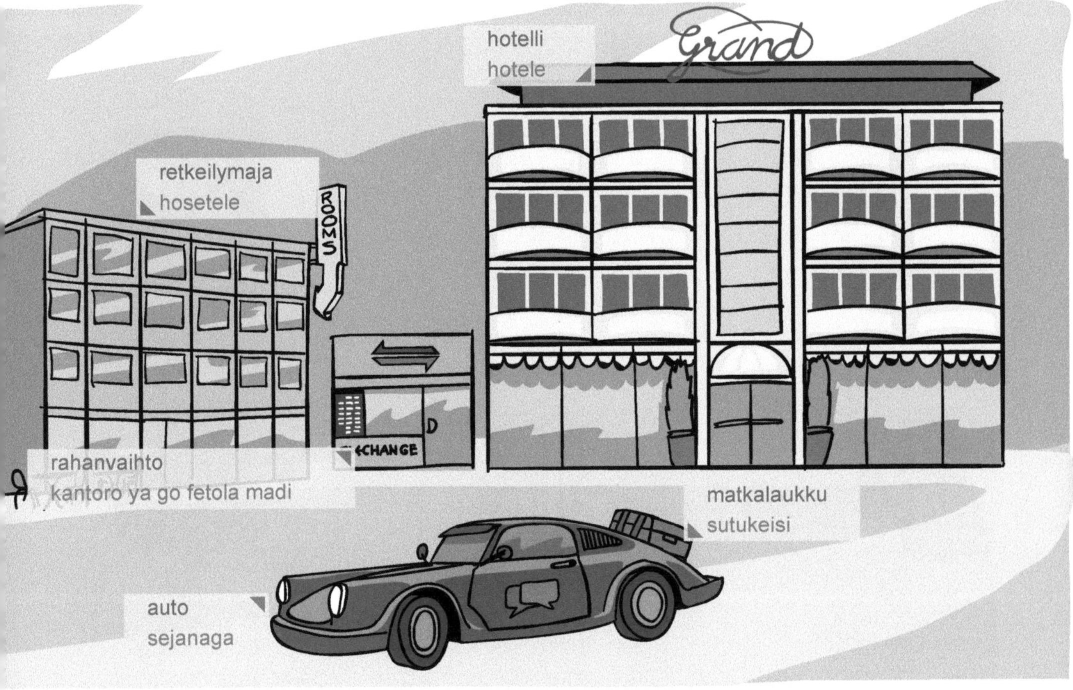

hotelli
hotele
Grand
retkeilymaja
hosetele
ROOMS
EXCHANGE
rahanvaihto
kantoro ya go fetola madi
matkalaukku
sutukeisi
auto
sejanaga

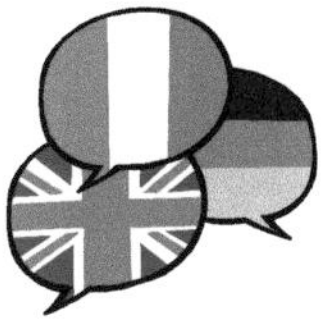

kieli

puo

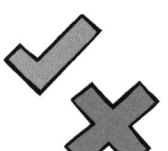

kyllä / ei

ee / nnyaa

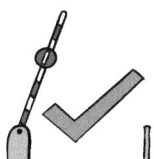

selvä

Go siame

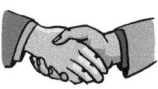

hei

dumela

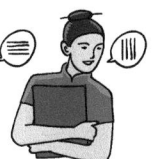

tulkki

moranodi

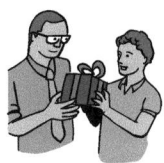

kiitos

Ke a leboga

Paljonko...maksaa?

ke bokae...?

en ymmärrä

ga ke tlhaloganye

ongelma

bothata

Hyvää iltaa!

O itumelele bosigo!

Hyvää huomenta!

Dumela!

Hyvää yötä!

Robala Sentle!

näkemiin

tsamaya sentle

suunta

tsela

matkatavarat

dithoto

laukku

kgetsi

reppu

kgetsi

vieras

moeng

huone

phaposi

makuupussi

kgetsana ya go robalela

teltta

mogope

turisti-info

tshedimosetso ya mojanala

ranta

lewatle

luottokortti

karata ya go tsaya sekoloto

aamupala

sefitlholo

lounas

dijo tsa motshegare

päivällinen

dijo tsa maitsiboa

matkalippu

tekete

hissi

lifiti

postimerkki

setempe

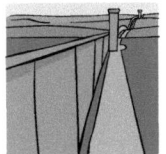

raja

bodara

tulli

dingwao

suurlähetystö

embassy

viisumi

visa

passi

lokwalo itshupo

kuljetus
sepalangwa

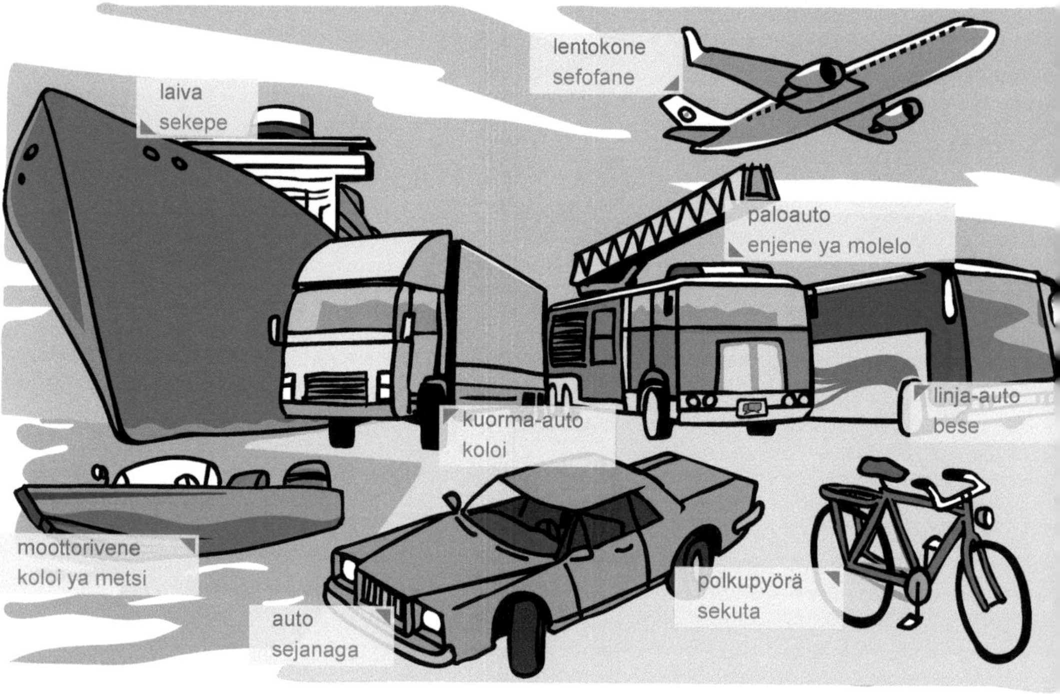

lentokone
sefofane
laiva
sekepe
paloauto
enjene ya molelo
linja-auto
bese
kuorma-auto
koloi
moottorivene
koloi ya metsi
polkupyörä
sekuta
auto
sejanaga

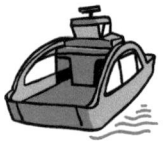

lautta
feri

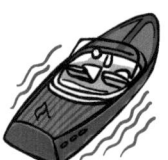

vene
sekepe

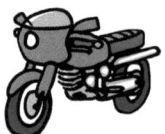

moottoripyörä
sethuthuthu

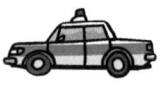

poliisiauto
sejanaga sa mapodisa

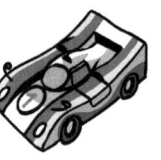

kilpa-auto
sejanaga sa lobelo

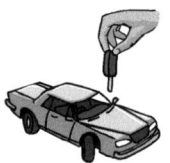

vuokra-auto
sejanaga se se hirilweng

car sharing

aroganya sejanaga

hinausauto

koloi e e gogang dikoloi tse di robegileng

roska-auto

koloi e e tsayang matlakala

moottori

koloi

polttoaine

lookwane

huoltoasema

seteišhene sa lookwane

liikennemerkki

letshwao la pharakano

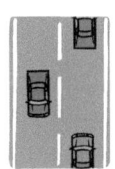

liikenne

pharakano

ruuhka

pharakano

parkkipaikka

lefelo la go emisa koloi

rautatieasema

seteišhene sa terena

raiteet

mela

juna

terena

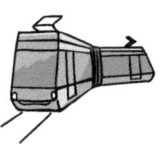

raitiovaunu

tereme

vaunu

kolotsana

helikopteri

sefofane

lentokenttä

boemeladifofane

lähilennonjohto

tora

matkustaja

mopalami

kontti

sekhafothini

pahvilaatikko

bokoso

kärryt

karaki

kori

basekete

nousta / laskea

go tsamaya / go fitlha

kaupunki

toropo

kylä

motse

keskusta

legare la teropo

talo

ntlo

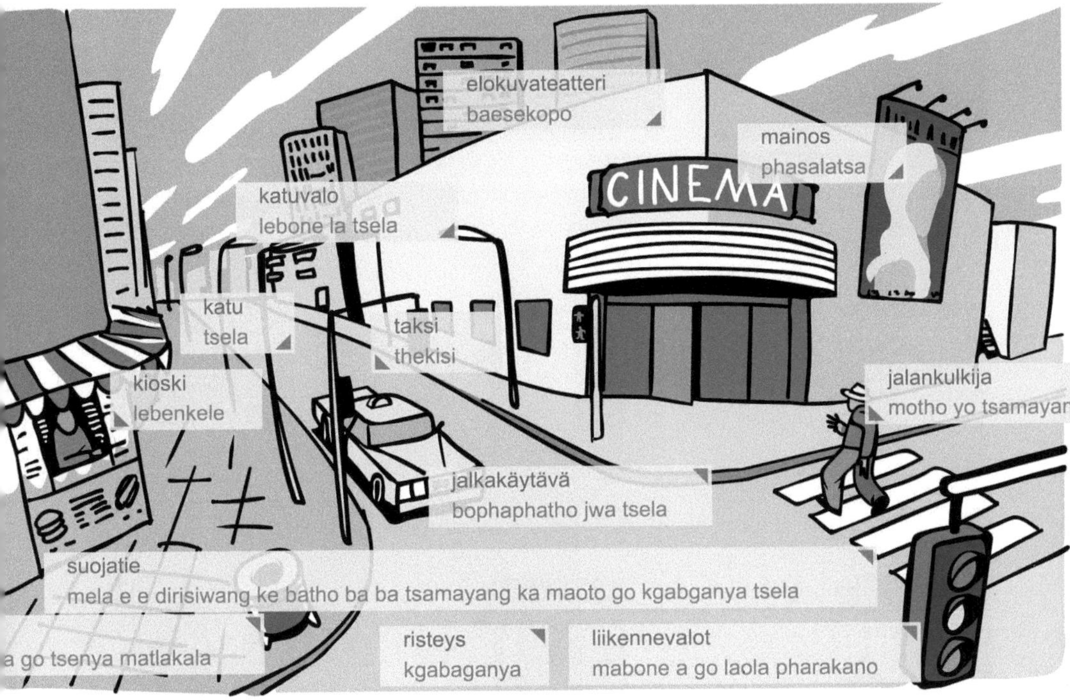

CINEMA

elokuvateatteri
baesekopo

mainos
phasalatsa

katuvalo
lebone la tsela

katu
tsela

taksi
thekisi

jalankulkija
motho yo tsamayan

kioski
lebenkele

jalkakäytävä
bophaphatho jwa tsela

suojatie
mela e e dirisiwang ke batho ba ba tsamayang ka maoto go kgabganya tsela

a go tsenya matlakala

risteys
kgabaganya

liikennevalot
mabone a go laola pharakano

mökki
ntlo e e ruletseng ka bojang

kerrostalo
sephara

rautatieasema
seteišhene sa terena

kaupungintalo
ntlolehalahala la toropo

museo
museamo

koulu
sekolo

yliopisto

unibesithi

pankki

banka

sairaala

sepetlele

hotelli

hotele

apteekki

lefelo la melemo

toimisto

kantoro

kirjakauppa

lebenkele la dibuka

liike

lebenkele

kukkakauppa

batho ba ba rekisang malomo

supermarketti

lebenkele

tori

maraka

tavaratalo

lebenkele la diaparo

kalakauppias

fishmongers

ostoskeskus

moago wa mabenkele a a mantsi

satama

boema dikepe

puisto
serapa

penkki
banka

silta
borogo

portaat
ditepisi

metro
kwa tlase ga lefatshe

tunneli
kgogometso

linja-autopysäkki
boemela bese

baari
bara

ravintola
lefelo la go jela

postilaatikko
lebokose la pose

katukyltti
letshwao la tsela

parkkimittari
mitara wa go emisa koloi

eläintarha
lefelo la go bonela
diphologolo

uimala
letlodi la go thuma

moskeija
tempele ya mamoselema

maatila
polase

ympäristön saastuminen
kgotlelelo

hautausmaa
mabitla

kirkko
kereke

leikkikenttä
lefelo la go tshamekela

temppeli
temple

maisema

boago jwa lefelo

lehti
setlhatsana

tienviitta
matshwao

tie
tsela

niitty
ditlhaga

kivi
letlapa

puu
setlhare

retkeilijä
motho yo o tsamayang mo thabeng

joki
noka

ruoho
bojang

kukka
lelomo

laakso
mokgatša

vuori
thatshana

järvi
lekadiba

metsä
sekgwa

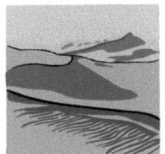

aavikko
sekaka

tulivuori
lekgwamolelo

linna
khasele

sateenkaari
motshe wa badimo

sieni
leboa

palmu
mokolana

hyttynen
montsane

kärpänen
tshenekegi

muurahainen
tshoswane

mehiläinen
notshi

hämähäkki
segokgo

kovakuoriainen

khukhwana

sammakko

segwagwa

orava

mosha

siili

noko

jänis

mmutla

pöllö

morubisi

lintu

nonyane

joutsen

pidipidi

villisika

dikolobe tsa naga

peura

kgokong

hirvi

moose

pato

letamo

tuulimylly

sefetlhaphefo

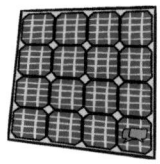

aurinkopaneeli

motlakase o o dirilweng ka
letsatsi

ilmasto

loapi

ravintola

lefelo la go jela

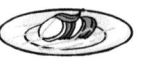

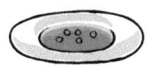

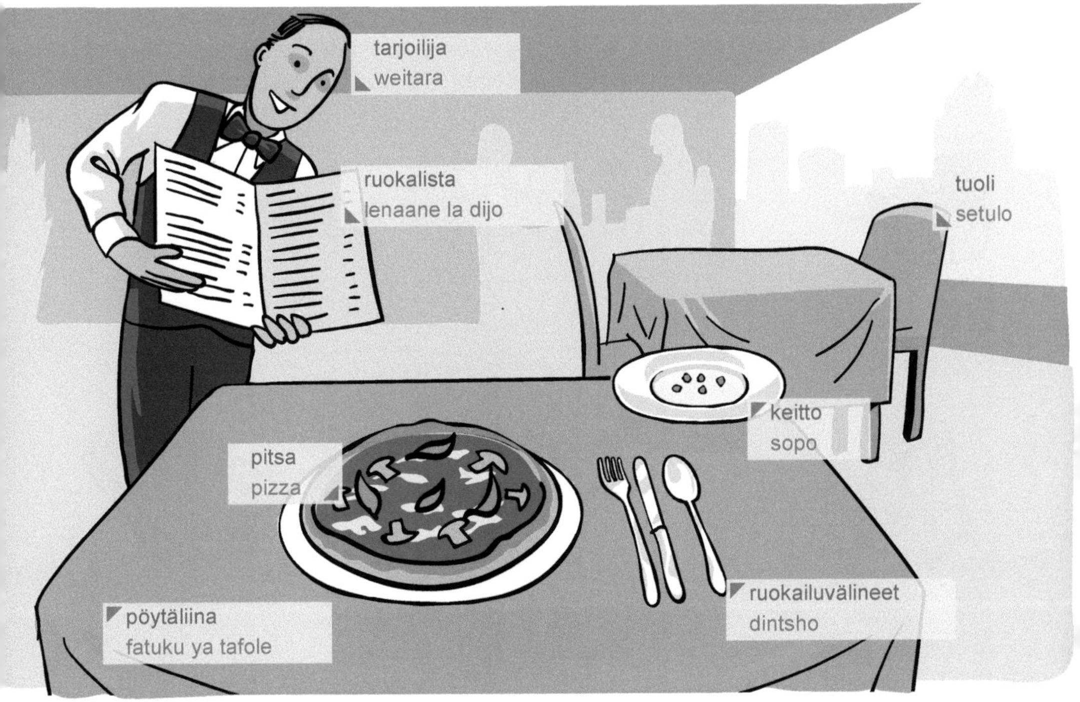

tarjoilija
weitara
ruokalista
lenaane la dijo
tuoli
setulo
keitto
sopo
pitsa
pizza
ruokailuvälineet
dintsho
pöytäliina
fatuku ya tafole

alkuruoka

sejo sa ntlha

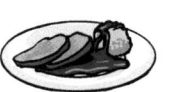

pääruoka

sejo sa bobedi

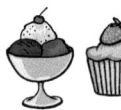

jälkiruoka

dijo tse di naleng sukiri

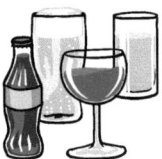

juomat

dino

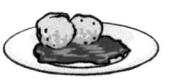

ruoka

dijo

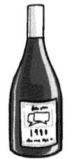

pullo

botlolo

pikaruoka

dijo tsa mo strateng

katuruoka

dijo tsa seterata

teekannu

ketlele ya tee

sokeriastia

sejana sa go tsenya sukiri

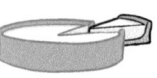

annos

karolo

espressokeitin

motšhini wa espresso

syöttötuoli

setulo se se kwa godimo

lasku

tshupamolato

tarjotin

terei

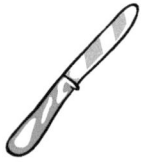

veitsi

thipa

haarukka

forotlho

lusikka

liso

teelusikka

leswana

servietti

lesela la go iphimola

lasi

galase

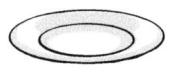

lautanen

poleiti

syvä lautanen

poleiti ya sopo

aluslautanen

sosara

kastike

sopo

suolasirotin

sejana sa letswai

pippurimylly

sesila pepere

etikka

aseini

öljy

oli

mausteet

ditswaiso

ketsuppi

tamati souso

sinappi

masetete

majoneesi

mayonaese

supermarketti
lebenkele

tarjous
sesolo se se kgethegileng
FOR
asiakas
moreki
maitotuotteet
dilwana tsa mašwi
hedelmät
leungo
ostoskärryt
teroli

BUTCHERS

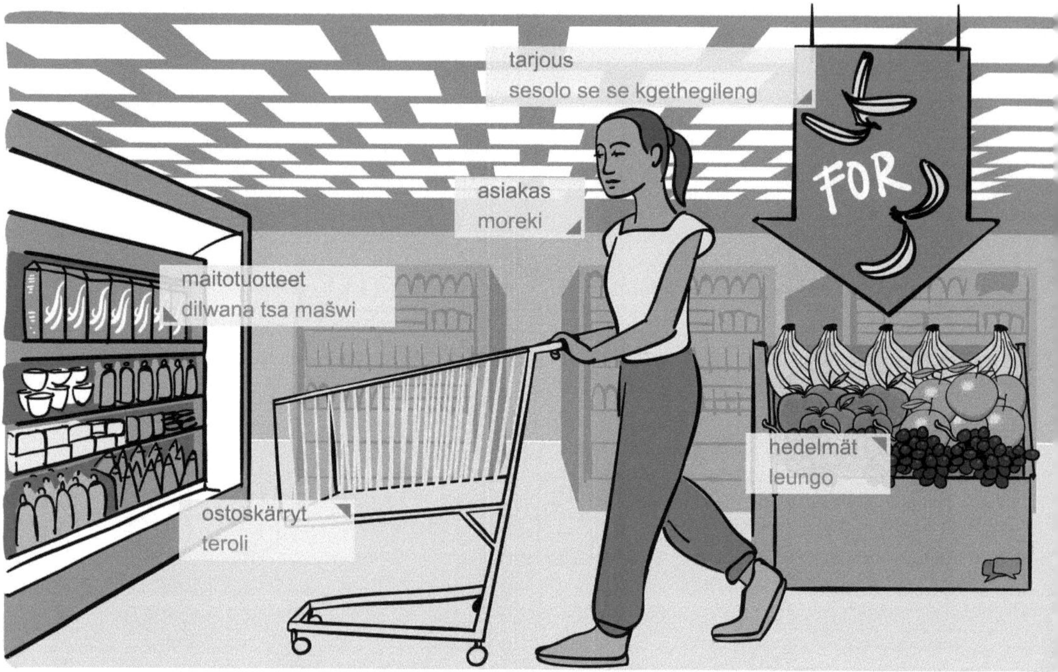

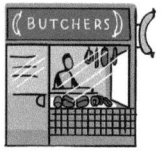

teurastamo

batho ba ba segang nama

BAKERY

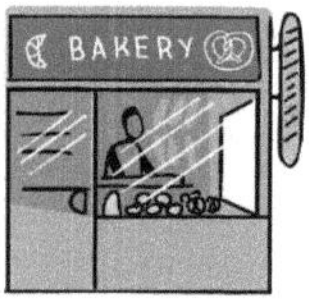

leipomo

babaki

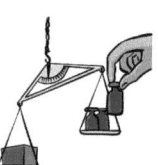

punnita

boima

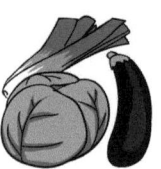

kasvikset

merogo

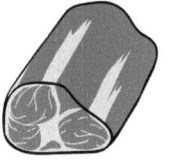

liha

nama

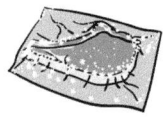

pakasteet

dijo tse di aesitsweng

leikkele

nama e e sa tlhokeng go apewa

säilykkeet

dijo tsa thini

pesujauhe

molora o o tlhatswang

makeiset

dimonamone

kotitaloustarvikkeet

dilwana tsa ntlo

puhdistusaineet

dilwana tsa go phepafatsa

myyjä

morekisi

kassa

motšhini wa madi

kassanhoitaja

morekisi

ostoslista

lennane la go reka

aukioloajat

diura tsa go bula

lompakko

sepatšhe

luottokortti

karata ya go tsaya sekoloto

kassi

kgetsi

muovipussi

kgetsi ya polasetiki

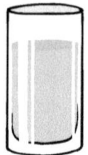

vesi
metsi

mehu
jusi

maito
mašwi

kokis
khouku

viini
beine

olut
biri

alkoholi
bojalwa

kaakao
khoukhou

tee
tee

kahvi
kofi

espresso
esepereso

cappuccino
cappuccino

banaani

panana

omena

apole

appelsiini

namune

meloni

legapu

sitruuna

surunamune

porkkana

segwete

valkosipuli

konofole

bambu

lotlhaka lwa bampuse

sipuli

eie

sieni

mabowa

pähkinät

manoko

spagetti

di-noodles

spagetti

sepagethi

riisi

raese

salaatti

salate

ranskalaiset

ditšhipisi

paistetut perunat

ditapole tse di gadikilweng

pitsa

pizza

hampurilainen

hamburger

voileipä

borotho jo bo tlapisitsweng

leike

nama e e gadikilweng

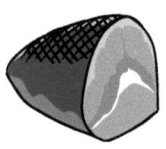

kinkku

nama ya kolobe

salami

salami

makkara

boroso

kana

koko

paisti

gadika

kala

tlhapi

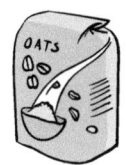

kaurahiutaleet

bogobe jwa outse

mysli

muesli

murot

cornflakes

jauho

bupi

voisarvi

croissante

sämpylä

banse

leipä

borotho

paahtoleipä

borotho jo bo besitsweng

keksit

bisikiti

voi

botoro

rahka

tšhisi

kakku

kuku

kananmuna

lee

paistettu kananmuna

lee le le gadikilweng

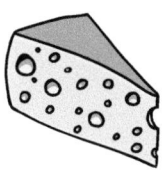

juusto

kase

jäätelö

aesekirimi

sokeri

sukiri

hunaja

mamepe a dinotshe

hillo

jeme

suklaapähkinälevite

chokolete e e tshasiwang

curry

khari

maatila
polase

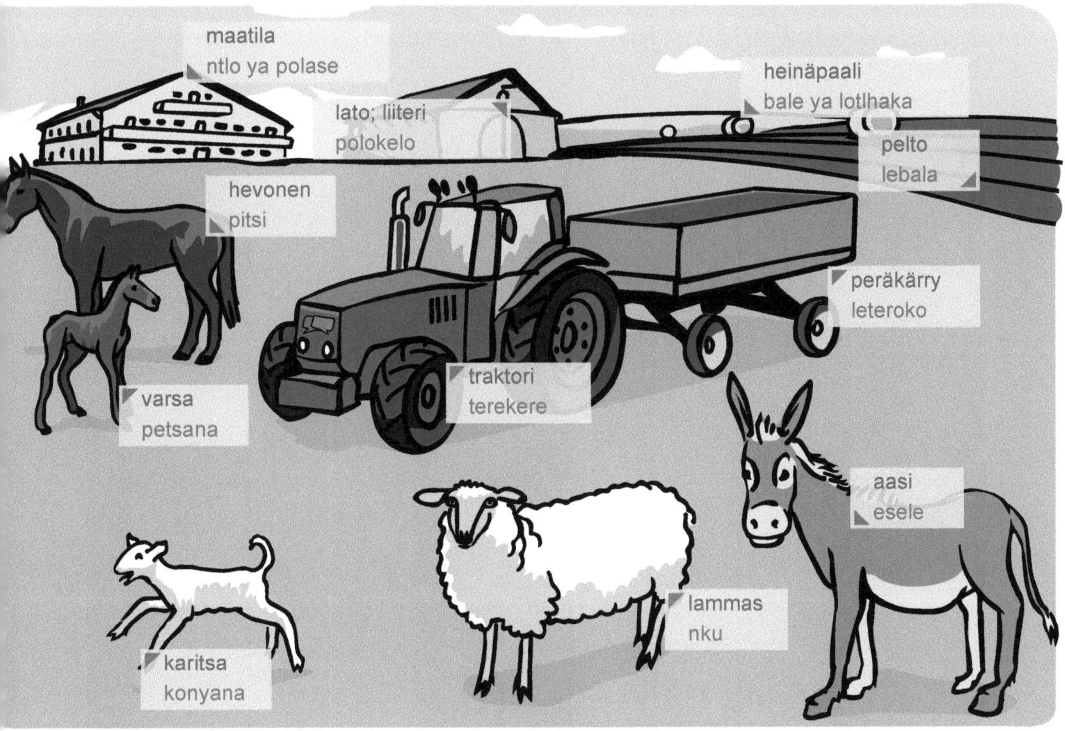

maatila
ntlo ya polase
lato; liiteri
polokelo
heinäpaali
bale ya lotlhaka
pelto
lebala
hevonen
pitsi
peräkärry
leteroko
traktori
terekere
varsa
petsana
aasi
esele
lammas
nku
karitsa
konyana

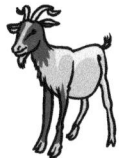

vuohi

pudi

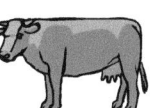

lehmä

kgomo

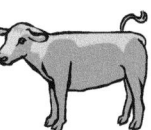

vasikka

namane

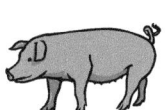

sika

kolobe

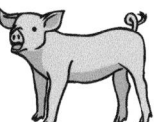

porsas

kolojane

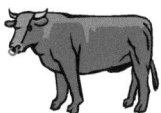

sonni

poo

hanhi

ganse

ankka

pidipidi

tipu

kokwanyana

kana

mokoko

kukko

mokoko

rotta

peba

kissa

katse

hiiri

peba

härkä

kgomo

koira

ntša

koirankoppi

ntlo ya ntša

puutarhaletku

lethompo la tshingwana

kastelukannu

tanka ya go nosetsa

viikate

disekele tsa tshipi

aura

lema

sirppi
disekele

kuokka
setlhagola

talikko
foroko ya go peta

kirves
selepe

kottikärryt
kiribae

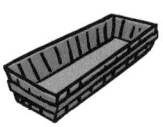

kaukalo
bonwelo

maitokannu
mašwi a a moteng ga moteme

säkki
kgetsana

aita
legora

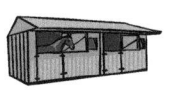

talli
tsepame

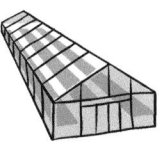

kasvihuone
lefelo la go godisa dijalo

maa
mmu

siemen
peo

lannoite
menyoro

leikkuupuimuri
thobo e e kopaneng

maatila - polase

kerätä sato
thobo

sato
thobo

jamssit
di-yam

vehnä
korong

soija
soya

peruna
tapole

maissi
korong

rypsi
disonobolomo

hedelmäpuu
setlhare sa maungo

maniokki
cassava

vilja
dijo tsa phakela

savupiippu
sentshamosi

katto
marulelo

sadevesikouru
peipe ya deraine

ikkuna
letlhabaphefo

autotalli
karaje

ovikello
bele ya setswalo

ovi
lebati

roska-astia
motene wa matlakala

postilaatikko
lebokose la dikwalo

puutarha
tshingwana

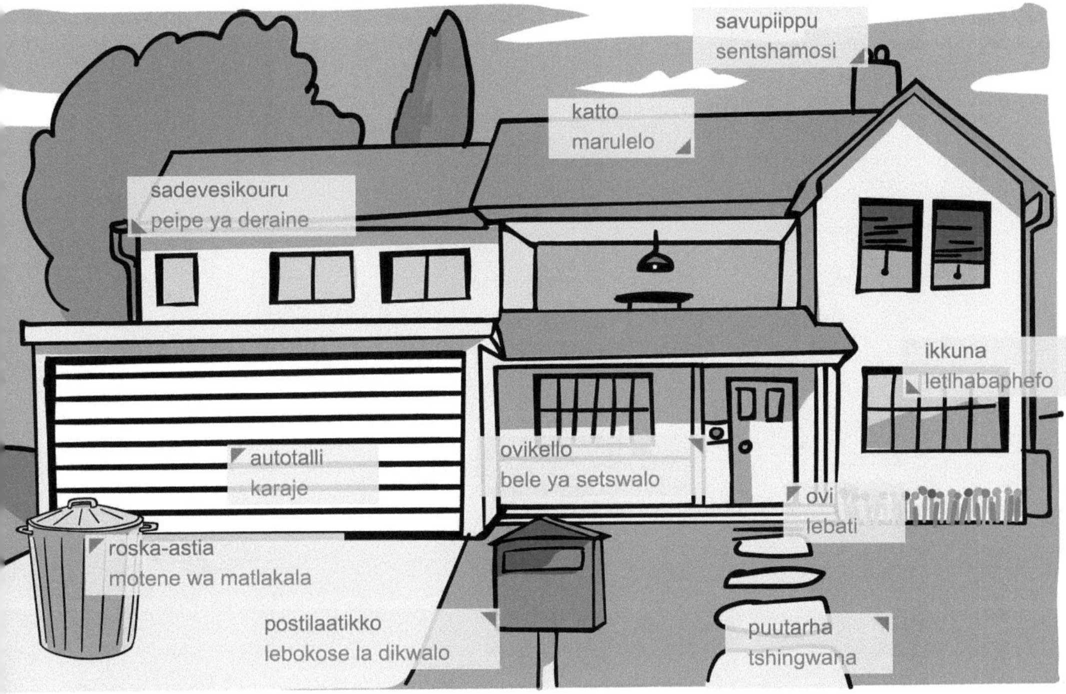

olohuone

phaposi ya bodulo

kylpyhuone

phaposi ya go tlhapela

keittiö

boapeelo

makuuhuone

phaposi ya borobalo

lastenhuone

phaposi ya bana

ruokahuone

phaposi ya bojelo

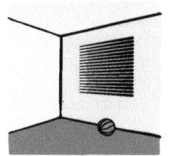

lattia

mo fatshe

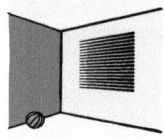

seinä

lebota

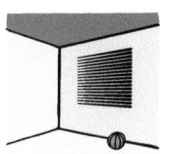

katto

siling

kellari

mabolokelo

sauna

se futhumatsa mmele

parveke

mokatako

terassi

mokgekolosa

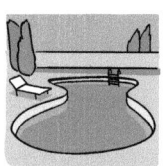

uima-allas

makadiba

ruohonleikkuri

sedirisiwa sa go sega
bojang

lakana

lakane

päiväpeitto

kobo

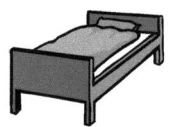

sänky

bolao

harja

lefielo

ämpäri

kgamelo

katkaisin

switch

olohuone

phaposi ya bodulo

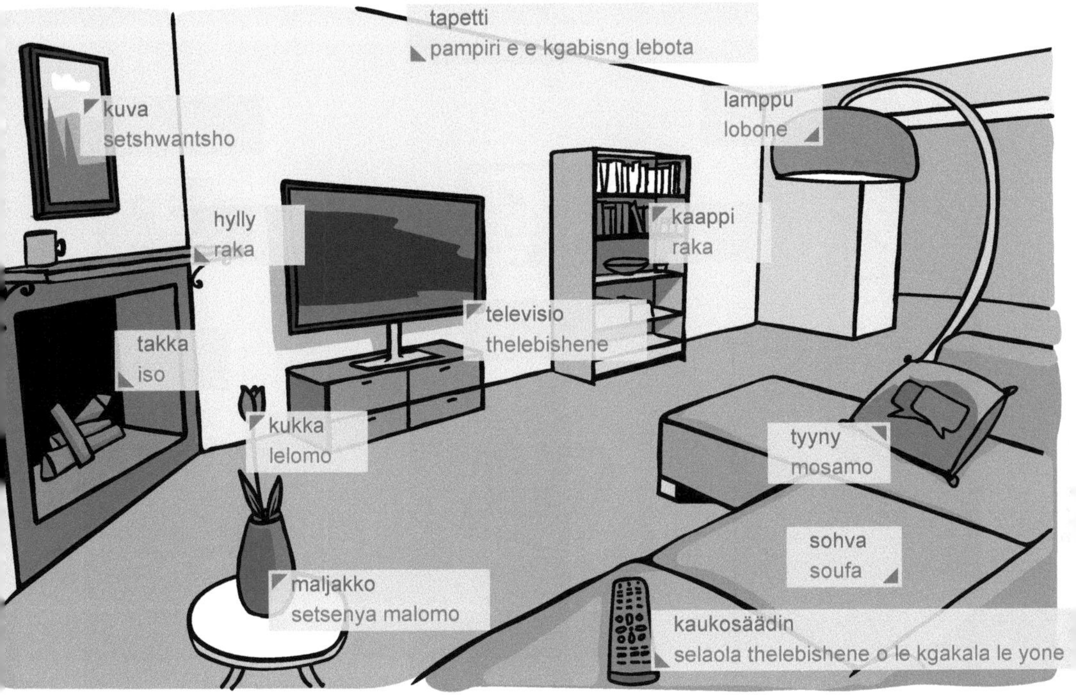

tapetti
pampiri e e kgabisng lebota
kuva
setshwantsho
lamppu
lobone
hylly
raka
kaappi
raka
televisio
thelebishene
takka
iso
kukka
lelomo
tyyny
mosamo
sohva
soufa
maljakko
setsenya malomo
kaukosäädin
selaola thelebishene o le kgakala le yone

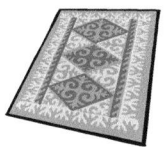

matto
mmetshe

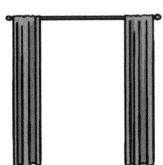

verho
garetene

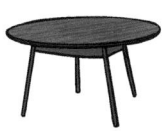

pöytä
tafole

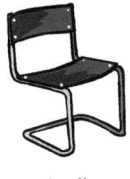

tuoli
setulo

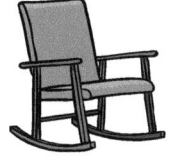

keinutuoli
setulo se se binang

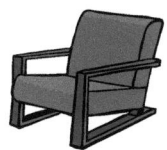

nojatuoli
setulo se se naleng boikego

kirja

buka

peitto

kobo

koriste

mokgabiso

polttopuut

dikgong tsa molelo

elokuva

filimi

stereot

hi-fi ya go letsa

avain

selotlolo

sanomalehti

lokwalodikgang

maalaus

setshwantsho se se
dirilweng ka pente

juliste

pampiri ya go phasalatsa

radio

seyalemowa

muistivihko

buka ya dintla

pölynimuri

huvara

kaktus

motoroko

kynttilä

kerese

keittiö
boapeelo

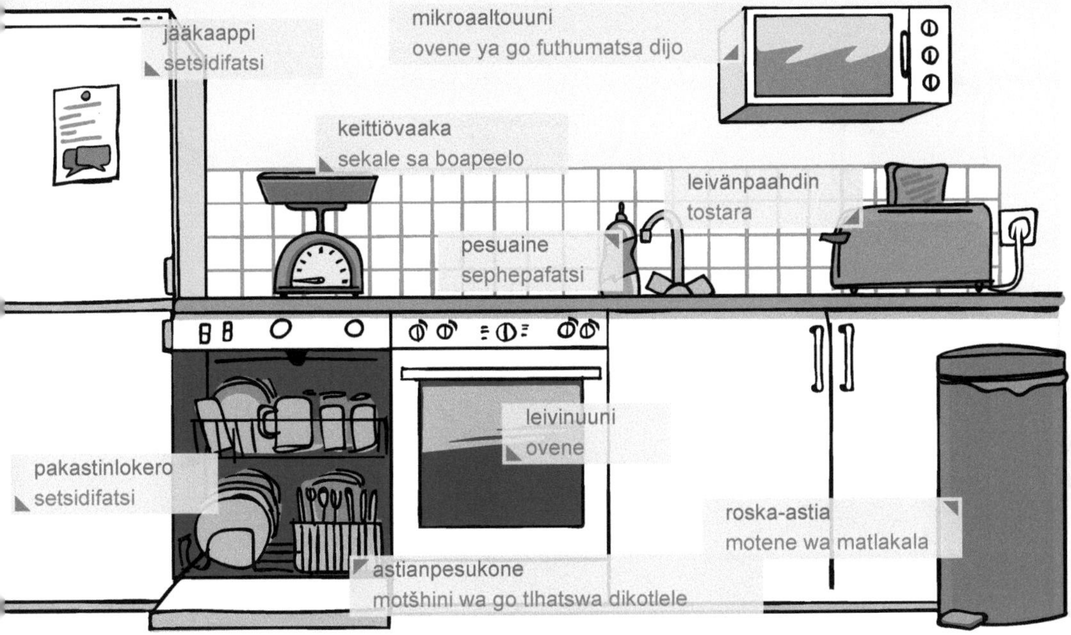

jääkaappi
setsidifatsi
mikroaaltouuni
ovene ya go futhumatsa dijo
keittiövaaka
sekale sa boapeelo
leivänpaahdin
tostara
pesuaine
sephepafatsi
leivinuuni
ovene
pakastinlokero
setsidifatsi
roska-astia
motene wa matlakala
astianpesukone
motšhini wa go tlhatswa dikotlele

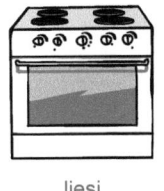

liesi

moapei

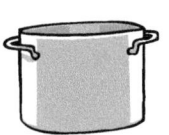

kattila

pitsa

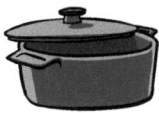

rautapata

pitsa ya tshipi

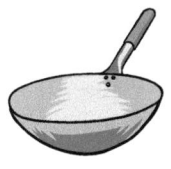

vokkipannu / kadai-pannu

wok / kadai

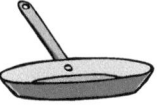

paistinpannu

pane

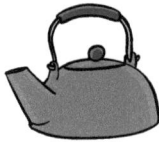

teepannu

ketlele

höyrykeitin

sefuthumatsi

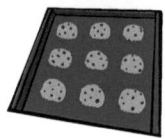

uunipelti

terei ya go baka

astiat

dintsho

muki

kopi

kulho

sejana

syömäpuikot

thobane ya go rema

kauha

thoka

paistinlasta

sepatšhula

vispilä

wiskara

siivilä

setereinara

siivilä

setlhotlhi

raastin

greitara

mortteli

kika

grilli

nama ya kgomo

avotuli

molelo o o mopepeneneg

leikkuulauta

boroto ya go segela

kaulin

rolara

korkinavaaja

sebula dibotlolo tsa beine

purkki

moteme

purkinavaaja

sebula moteme

pannulappu

setshwari sa pitsa

lavuaari

sinki

tiskiharja

boratšhe

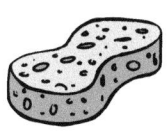

pesusieni

sepontšhe

tehosekoitin

setlhakanya dijo / maungo

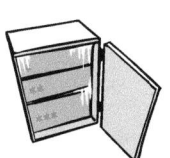

pakastin

setsidifatsi

tuttipullo

botlole ya ngwana

vesihana

tepe

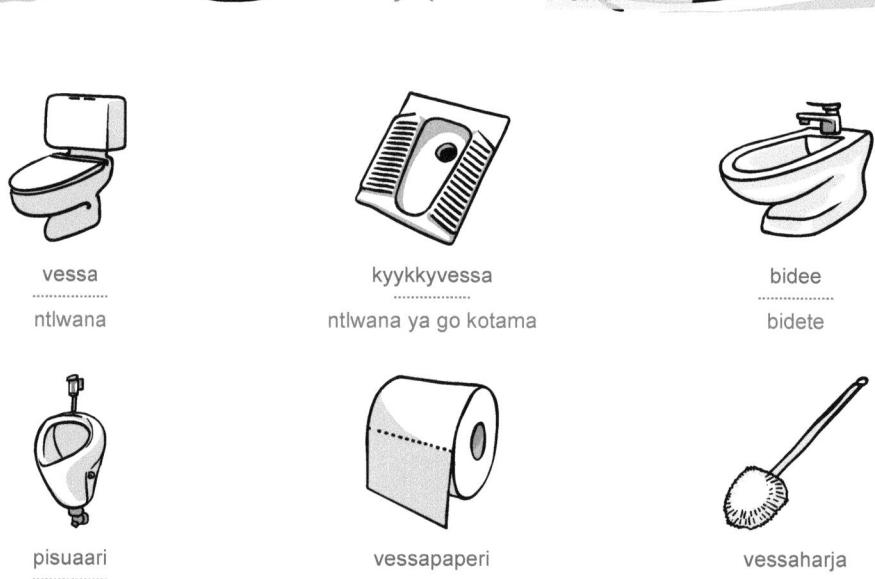

kylpyhuone
phaposi ya go tlhapela

lämmitys
thutafatsa
suihku
shawara
pyyhe
toulo
suihkuverho
garetene ya shawara
vaahtokylpy
setshelo sa go dira dibabole mo bateng
kylpyamme
bata
lasi
galase
pesukone
setlhatswa diaparo
vesihana
tepe
kaakelit
dithaele
potta
poti
lavuaari
sinki

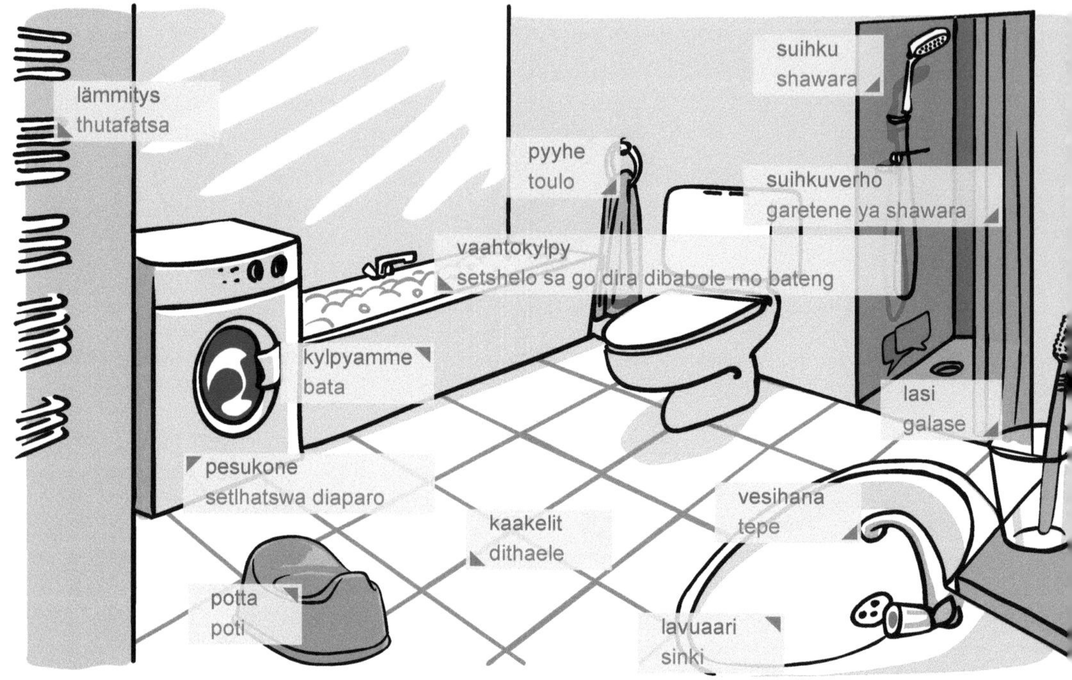

vessa

ntlwana

kyykkyvessa

ntlwana ya go kotama

bidee

bidete

pisuaari

moroto

vessapaperi

pampiri ya boithomelo

vessaharja

boratšhe jwa ntlwana

hammasharja

boratšhe jwa meno

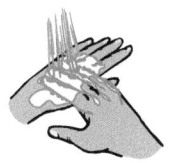

hammastahna

sesepa sa meno

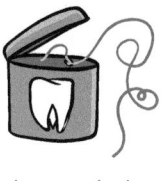

hammaslanka

tlhale ya go phepafatsa
meno

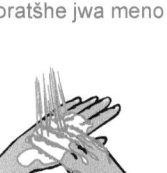

pestä

tlhatswa

käsisuihku

shawara ya go itshwarela

intiimisuihku

senkgisa monate

pesuvati

beisini

selkäharja

boratšhe jwa mokwatla

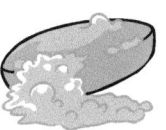

saippua

sesepa

suihkugeeli

jele ya shawara

shampoo

setlhapisa moriri

pesulappu

folanele

viemäri

mosele

voide

setlolo

deodorantti

senkgamonate

peili

seipone

käsipeili

seipone sa go itshwarela

partaveitsi

legare

partavaahto

foumu ya go ntsha moriri

partavesi

foumu ya fa o fetsa go ntsha moriri

kampa

kama

harja

boratšhe

hiustenkuivaaja

seomisa moriri

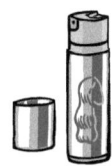

hiuslakka

seporei sa moriri

meikki

seitlole sa sefatlhego

huulipuna

setlolo sa molomo

kynsilakka

pente ya dinala

pumpuli

boboa

kynsisakset

sekere sa dinala

hajuvesi

leokwane le le nkgang monate

kosmetiikkalaukku

kgetsana ya go tlhatswa

jakkara

setulo

vaaka

sekale sa go lekanya

kylpytakki

seaparo sa botlhapelo

kumihansikkaat

ditlelafo tsa rekere

tamponi

tempone

terveysside

sedirisiwa sa basadi ba ba mo kgweding

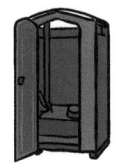

kemiallinen wc

ntlwana ya khemikhale

lastenhuone

phaposi ya bana

herätyskello
tshupanako ya alamo
pehmolelu
mpopi wa go tlamparela
leikkiauto
koloi e e tshamekang
helistin
setšhakgatšhakga
nukkekoti
ntlo ya dipompi
lahja
poresente

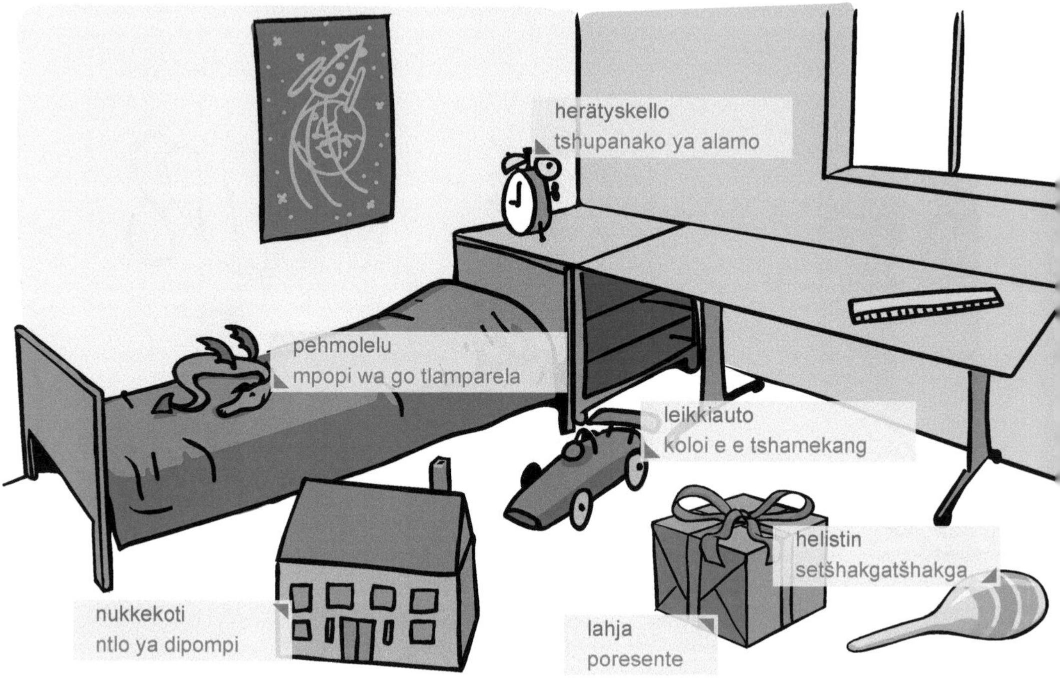

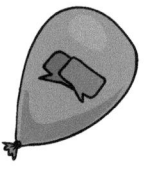

ilmapallo

baluni

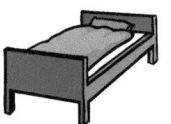

sänky

bolao

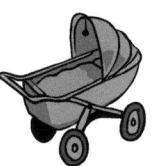

lastenvaunut

porema

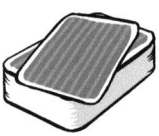

korttipeli

deck of cards

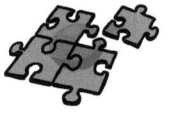

palapeli

saga ya motlakase

SUPER MEGA

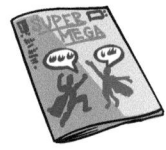

sarjakuva

buka ya ditshegisi

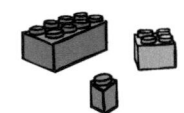

legopalikat

matlapa a go tshameka

rakennuspalikat

diboloko tse di tshamekang

supersankari

setshwantsho sa motho

potkupuku

seaparo sa lesea

frisbee

Frisbee

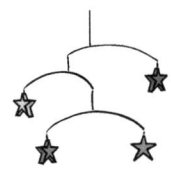

mobile

selo sa go letsa mmino mo
ditsebeng

lautapeli

motshameko wa boroto

noppa

daese

pienoisjunarata

terena

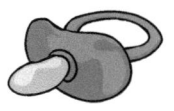

tutti

tami

juhlat

moletlo

kuvakirja

buka ya ditshwantsho

pallo

bolo

nukke

mpopi

leikkiä

tshameka

hiekkalaatikko

lebala le le naleng santa

keinu

moswinki

lelut

ditshamekisi tsa bana

pelikonsoli

motshameko wa dibidio

kolmipyörä

baesekele ya maotwana a a mararo

nalle

bera e e diretsweng go tshamekisa bana

vaatekaappi

raka ya go baya diaparo

vaatteet

seaparo

sukat

dikausu

nylonsukat

dikausu tsa basadi

sukkahousut

dithaetse

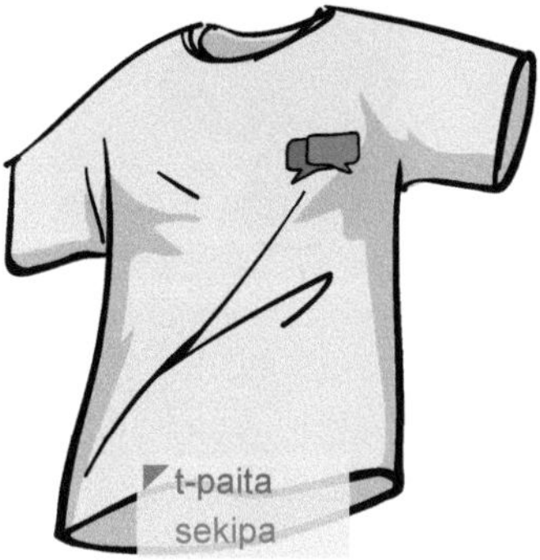

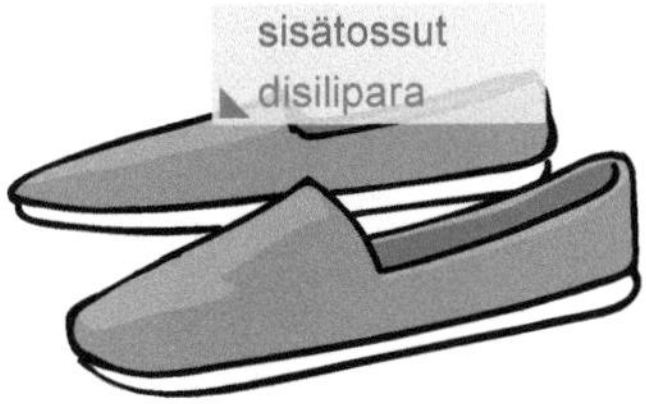

kaulaliina
sekhafo

vyö
lebante

sateenvarjo
sekhukhu

t-paita
sekipa

lenkkarit
diteki

saappaat
dibutshi

sisätossut
disilipara

sandaalit
dimphatšhane

kengät
ditlhako

kumisaappaat
dibutshi tsa rekere

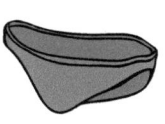
alushousut
borukgwe jwa kwateng

rintaliivit
boraa

aluspaita
besete

vaatteet - seaparo

body
mmele

housut
borukgwe

farkut
bokate

hame
sekete

pusero
bolaose

paita
hempe

villapaita
jeresi e e senang matsogo

collegepaita
jakete e e enaleng hutshe

jakku
boleisara

takki
jakete

takki
jase

sadetakki
jase ya pula

puku
khosetjhumo

mekko
mosese

hääpuku
mosese wa lenyalo

puku
sutu

yöpaita
seaparo sa bosigo

pyjama
diaparo tsa go robala

shari
sari

päähuivi
sekhafa sa tlhogo

turbaani
turban

burka
burqa

kaftaani
kaftan

abaya
abaya

uimapuku
seaparo sa go thuma

uimahousut
diteranka

shortsit
borukgwe jo bo khutshwane

verkkarit
terekesutu

esiliina
seaparo sa go phephafatsa

käsineet
ditlelafo

vaatteet - seaparo

nappi
talama

silmälasit
diborele

rannekoru
sebaga

kaulakoru
sebaga sa mo thamong

sormus
palamonwana

korvakoru
lengena

lippalakki
kepisi

ripustin
sepega baki

hattu
hutshe

solmio
tae

vetoketju
zepe

kypärä
hutshe ya sethuthuthu

henkselit
ditrata tsa meno

koulupuku
diaparo tsa sekolo

univormu
diaparo tsa mmereko /
diaparo tsa sekolo

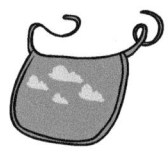

ruokalappu

bebe

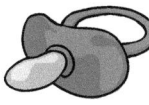

tutti

tami

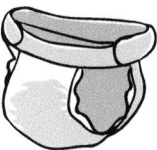

vaippa

mongato

toimisto
kantoro

palvelin
server
asiakirjakaappi
lekase la difaele
tulostin
segatisi
paperi
pampiri
näyttö
monithara
hiiri
maose
kirjoituspöytä
tafole
kansio
fouldara
näppäimistö
khiboto
roskakori
moteme wa dipampiri
tuoli
setulo
tietokone
khomputara

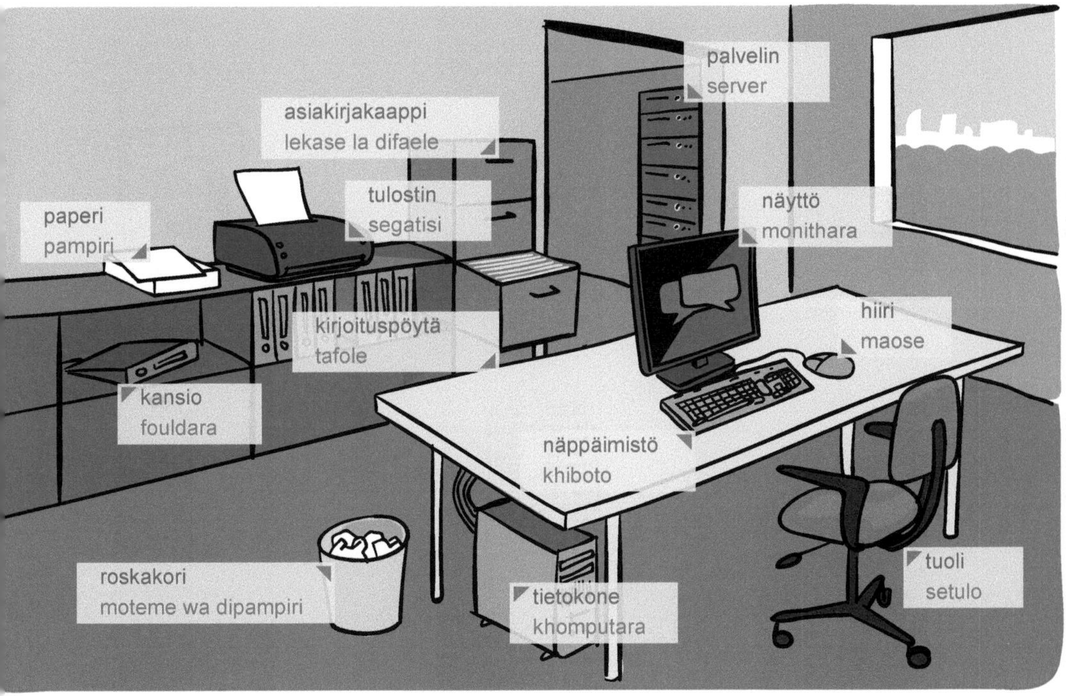

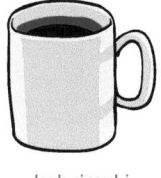

kahvimuki

kopi

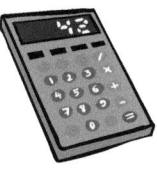

taskulaskin

khalkhuleitara

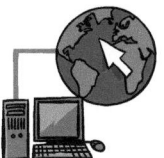

internet

inthanete

kannettava tietokone

lapothopo

kirje

lekwalo

viesti

molaetsa

kännykkä

mogala wa letheka

verkko

kgolagano ya megala

kopiokone

segatisa dipampiri

ohjelmisto

software

puhelin

mogala

pistorasia

sokete ya polaka

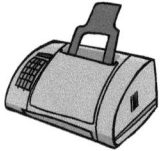

faksi

motšhini wa fekese

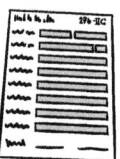

lomake

foromo

asiakirja

setlankana

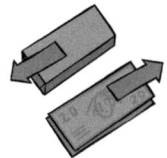

ostaa

reka

maksaa

patela

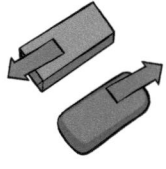

vaihtaa

rekisa

raha

madi / tšhelete

dollari

dolara

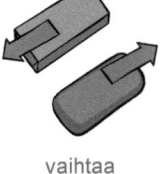

euro

euro

jeni

yen

rupla

roubele

frangi

swiss franc

renminbi juan

renminbi yuan

rupia

rupee

pankkiautomaatti

lefelo la madi

rahanvaihto

kantoro ya go fetola madi

kulta

gauta

hopea

selefera

öljy

oli

energia

maatla

hinta

tlhwatlhwa

sopimus

konteraka

vero

lekgetho

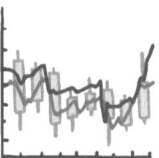

osake

setoko

työskennellä

dira

työntekijä

mothapiwa

työnantaja

mothapi

tehdas

bodirelo

liike

lebenkele

ammatit
maemo

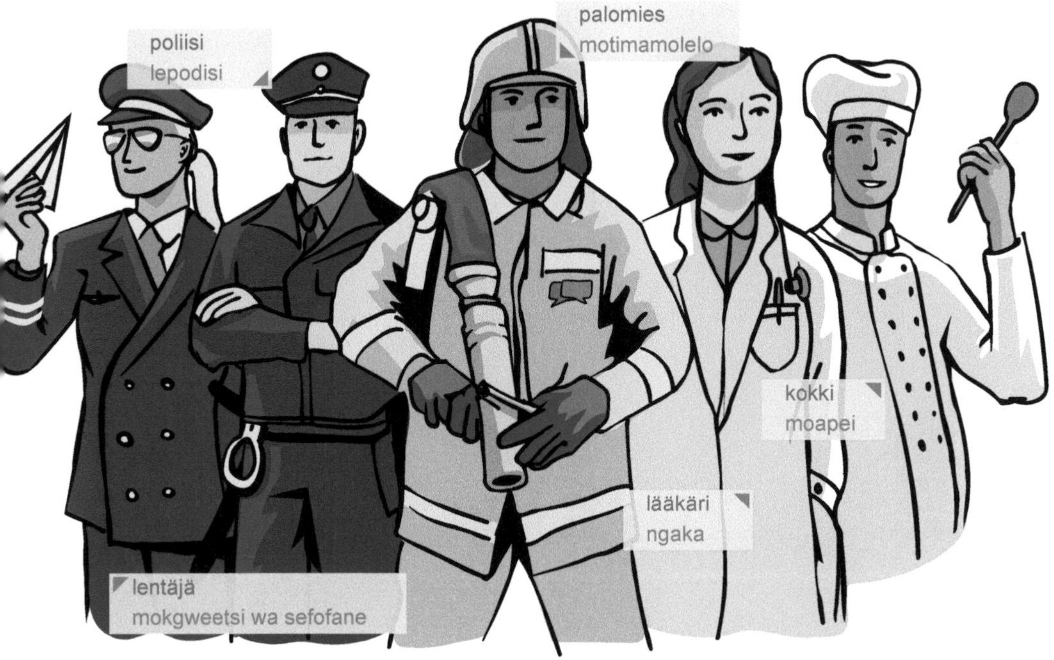

poliisi
lepodisi
palomies
motimamolelo
kokki
moapei
lääkäri
ngaka
lentäjä
mokgweetsi wa sefofane

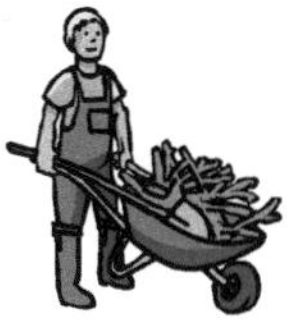

puutarhuri

ratshingwana

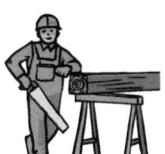

puuseppä

mmetli wa dikgong

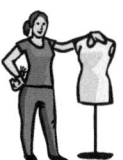

ompelija

moroki

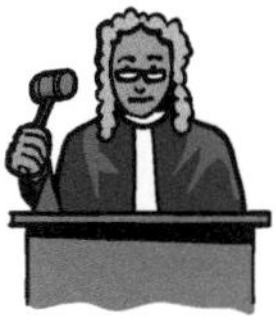

tuomari

moatlhodi

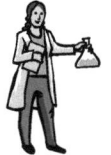

kemisti

moitse wa melemo

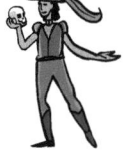

näyttelijä

modiragatsi

linja-autonkuljettaja

mokgweetsi wa bese

taksinkuljettaja

mokgweetsi wa tekisi

kalastaja

motshwari wa ditlhapi

siivooja

Mme yo o phepafatsang

katontekijä

moruledi

tarjoilija

weitara

metsästäjä

motsumi

maalari

motaki

leipuri

mmesi wa senkgwe

sähköasentaja

ramotlakase

rakentaja

moagi

insinööri

moenjenere

teurastaja

mosegi wa nama

putkiasentaja

motsenyi wa diphaepe tsa metsi

postinjakaja

motsamaisa poso

sotilas

leshole

arkkitehti

modiri wa dipolane

kassanhoitaja

morekisi

floristi

morekisi wa malomo

kampaaja

mokgabisamoriri

konduktööri

kondactara

mekaanikko

mokheneke

kapteeni

mokapeteine

hammaslääkäri

ngaka ya meno

tiedemies

Rasaense

rabbi

moruti

imaami

imam

munkki

moitlami

pappi

moruti

työkalut
didiriswa

vasara
hamore
pihdit
tang
ruuvimeisseli
sekurufu deraevara
jakoavain
sepanere
taskulamppu
lobone

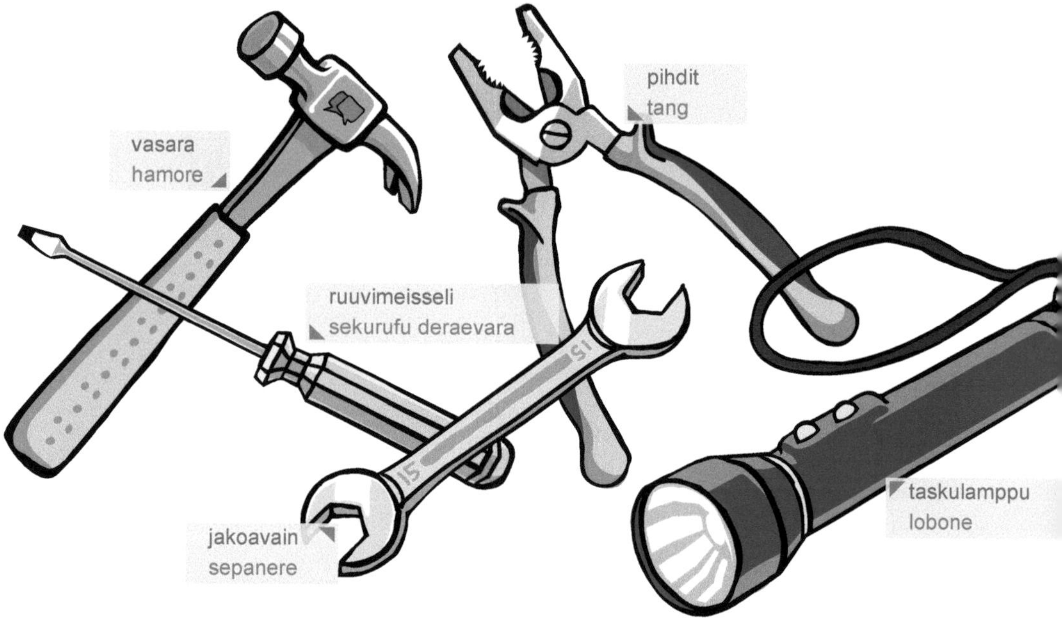

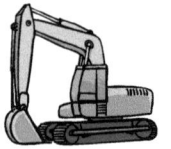

kaivinkone

moepi

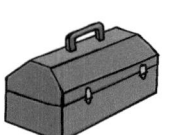

työkalupakki

bokoso ya didirisiwa

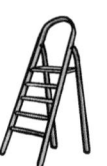

tikkaat

lere

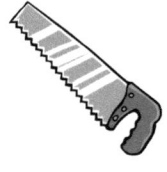

saha

saga

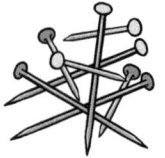

naulat

dipekere

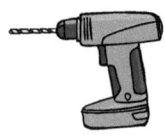

pora

sebori

korjata

baakanya

lapio

garawe

Hitto!

ijaa!

rikkalapio

seolela matlakala

maalipurkki

pitsa ya pente

ruuvit

sekurufu

soittimet
didirisiwa tsa mmino

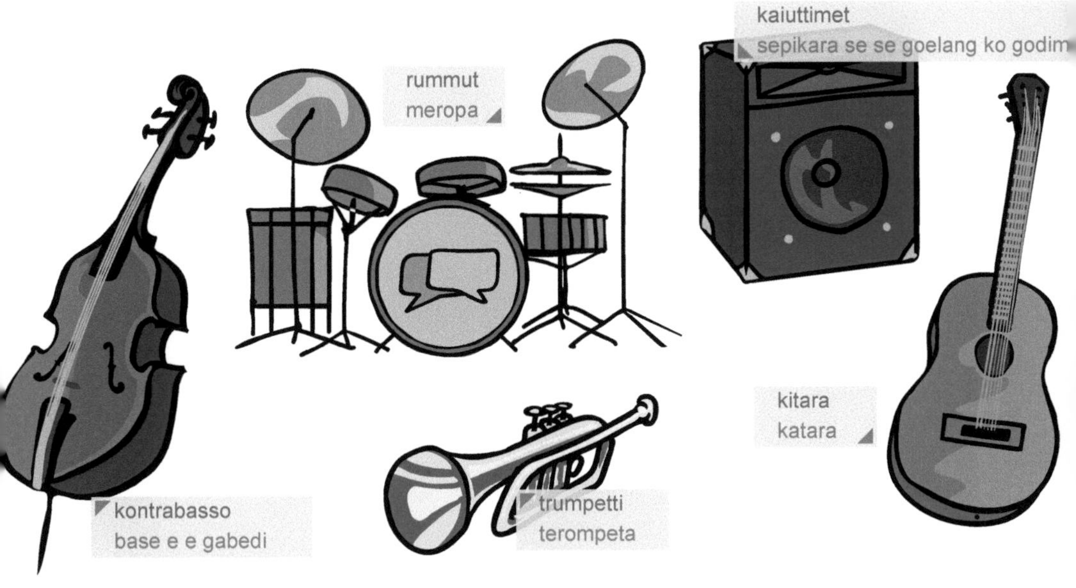

kaiuttimet
sepikara se se goelang ko godim

rummut
meropa

kitara
katara

kontrabasso
base e e gabedi

trumpetti
terompeta

piano
piano

viulu
bayolini

basso
base

patarummut
timpane

rumpu
meropa

kosketinsoitin
khiboto

saksofoni
sekesofone

huilu
phala

mikrofoni
sebuela godimo

eläintarha

lefelo la go bonela diphologolo

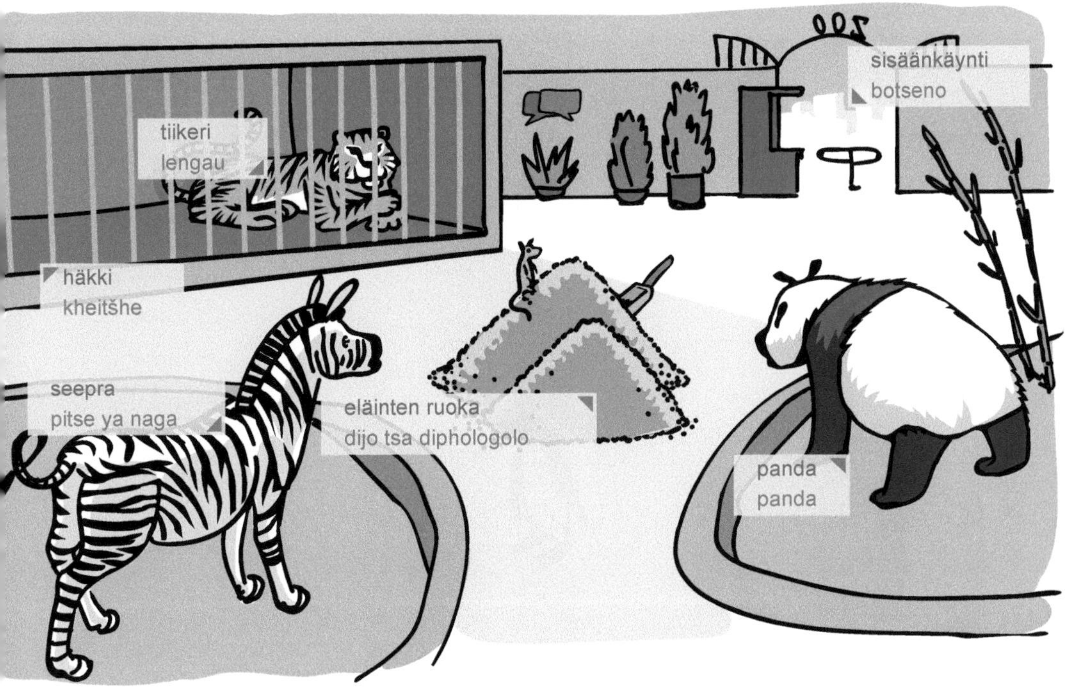

sisäänkäynti
botseno
tiikeri
lengau
häkki
kheitšhe
seepra
pitse ya naga
eläinten ruoka
dijo tsa diphologolo
panda
panda

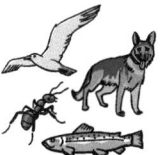

eläimet

diphologolo

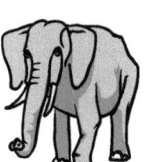

norsu

tlou

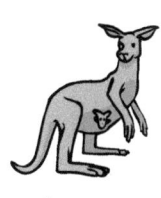

kenguru

dikhankaruu

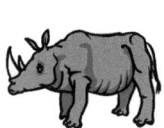

sarvikuono

tshukudu

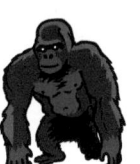

gorilla

tshweni

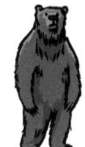

karhu

bera

kameli

kamela

strutsi

kalakune

leijona

tau

apina

tshwene

flamingo

flamingo

papukaija

papalagae

jääkarhu

bera e e dulang ko lefelong
le le tsididi thata

pingviini

nonyane tsa lewatle

hai

leruarua

riikinkukko

phikoko

käärme

noga

krokotiili

kwena

eläintarhanhoitaja

motlhokomedi wa
diphologolo

hylje

sili

jaguaari

katse

poni

petsana

leopardi

lengau

virtahepo

tshukudu

kirahvi

thutlwa

kotka

ntsu

villisika

dikolobe tsa naga

kala

tlhapi

kilpikonna

khudu

mursu

walrus

kettu

ntja ya naga

gaselli

tshephe

amerikkalainen jalkapallo
kgwele ya dinao ya Amerika

pyöräily
motshameko wa baesekele

tennis
tenese

koripallo
baseketebolo

uinti
thuma

jääkiekko
hockey ya mo aeseng

nyrkkeily
motshameko wa go lwa ka diatla

jalkapallo
kgwele ya dinao

sulkapallo
badminthone

yleisurheilu
atletiki

käsipallo
kgwele ya diatla

hiihto
skiing

poolo
polo

nauraa
tshega

hypätä
tlola

halata
tlamparela

kävellä
tsamaya

laulaa
opela

unelmoida
lora

rukoilla
rapela

suudella
atla

kirjoittaa

kwala

piirtää

torowa

näyttää

bontsha

painaa

kgorometsa

antaa

naya

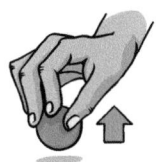

ottaa

tsaya

omistaa

go nna

tehdä

dira

olla

nna

seisoa

ema

juosta

taboga

vetää

goga

heittää

latlha

kaatua

wa

maata

maaka

odottaa

ema

kantaa

tsholetsa

istua

dula

pukeutua

apara

nukkua

robala

herätä

tsoga

katsoa
leba

itkeä
lela

silittää
thuma ka lemorago

kammata
kama

puhua
bua

ymmärtää
tlhaloganya

kysyä
botsa

kuunnella
reetsa

juoda
nwa

syödä
ja

siivota
phepafatsa

rakastaa
lorato

keittää
apaya

ajaa
kgweetsa

lentää
fofa

purjehtia

seila

laskea

khalkhuleitara

lukea

bala

oppia

ithute

työskennellä

dira

mennä naimisiin

nyala

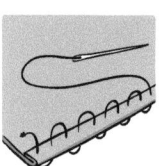

ommella

roka

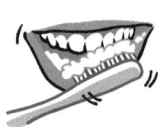

pestä hampaat

tlhapa meno

tappaa

bolaya

tupakoida

tsuba

lähettää

romela

perhe
lelapa

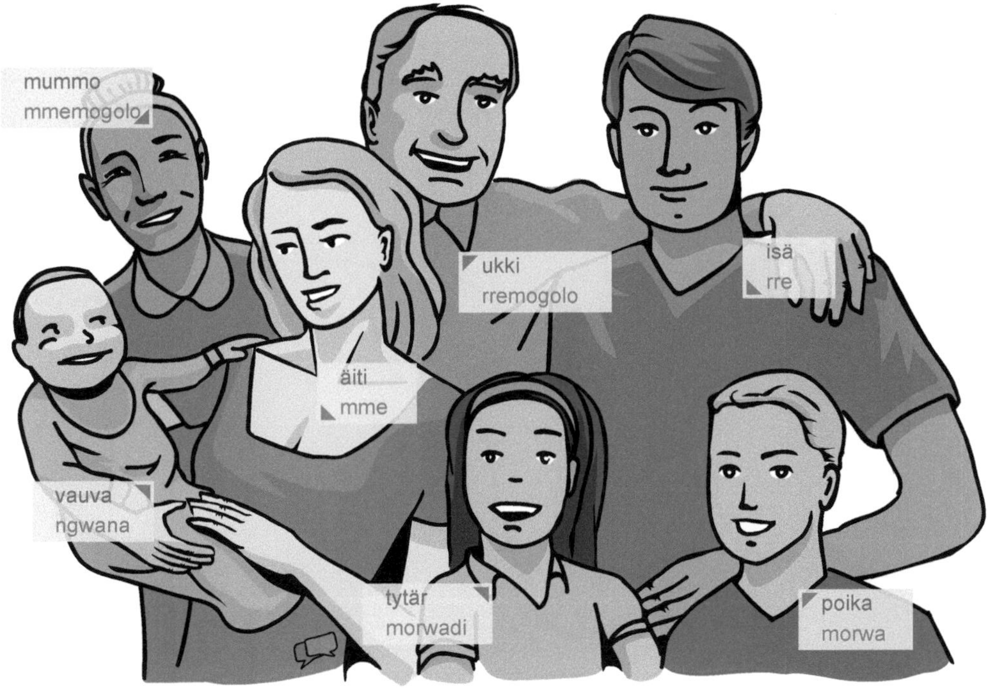

mummo
mmemogolo
ukki
rremogolo
isä
rre
äiti
mme
vauva
ngwana
tytär
morwadi
poika
morwa

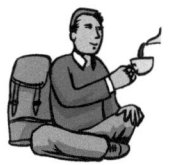

vieras
moeng

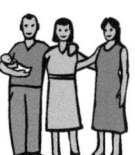

täti
mmangwane

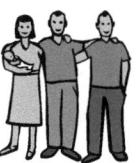

setä
malome

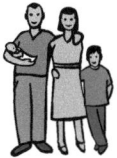

veli
abuti

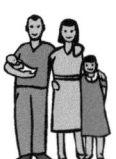

sisko
ausi

vartalo
mmele

otsa
phatlha
silmä
leitlho
olkapää
legetla
sormet
monwana
kasvot
sefatlhego
leuka
seledu
käsi
seatla
jalka
leoto
rinta
letsele
käsivarsi
letsogo

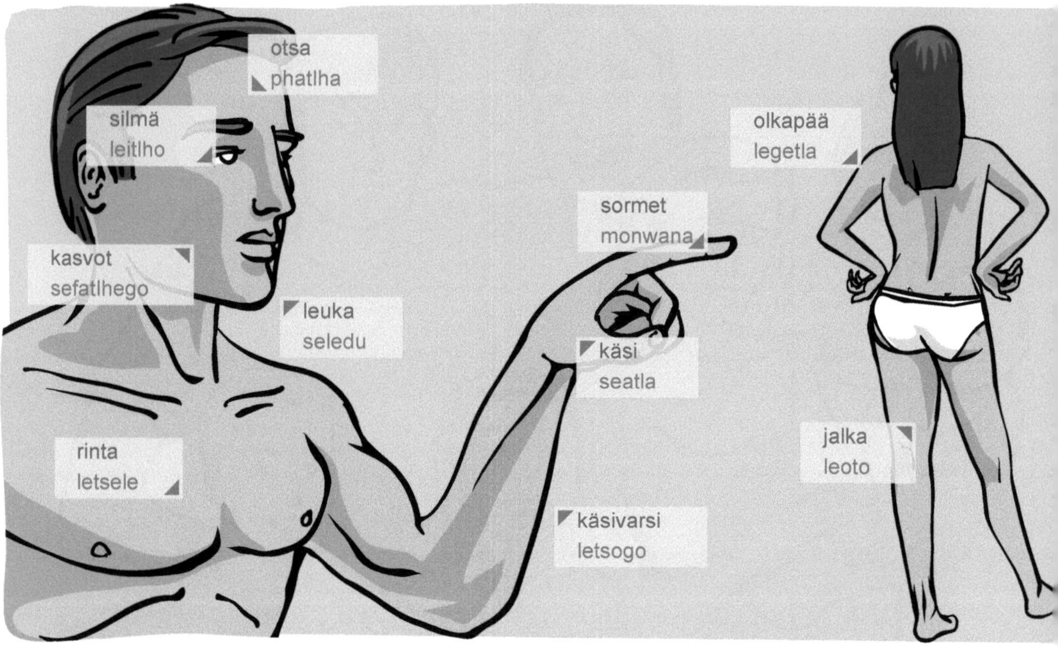

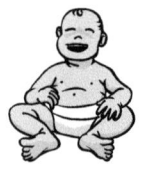

vauva
ngwana

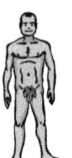

mies
monna

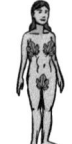

nainen
mosadi

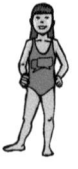

tyttö
mosetsana

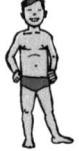

poika
mosimane

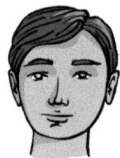

pää
tlhogo

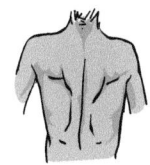

selkä

mokwatla

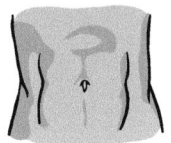

maha

mpa

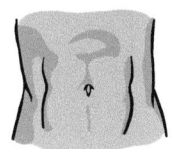

napa

khubu

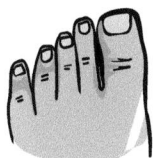

varvas

monwana

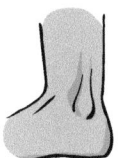

kantapää

serethe

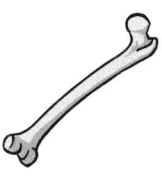

luu

lerapo

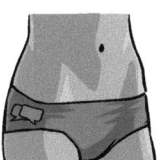

lantio

letheka

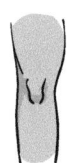

polvi

lengole

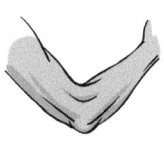

kyynärpää

sekgono

nenä

nko

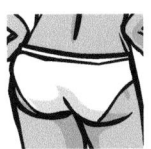

takapuoli

ko tlase

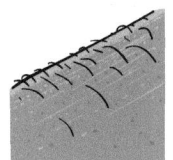

iho

letlalo

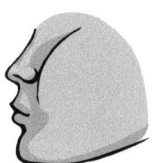

poski

lerama

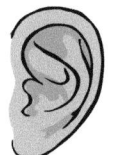

korva

tsebe

huuli

pounama

vartalo - mmele

suu
molomo

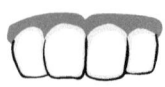

hammas
leino

kieli
loleme

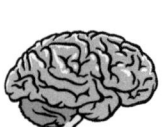

aivot
boboko

sydän
pelo

lihas
maatla

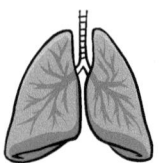

keuhkot
lekgwafo

maksa
sebete

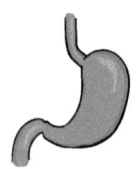

vatsa
mala

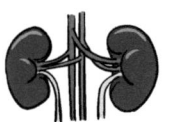

munuaiset
diphio

seksi
bong

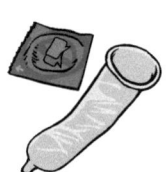

kondomi
mosomelwana

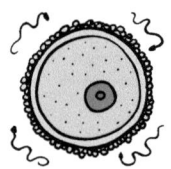

munasolu
sebelegi sa ngwana

sperma
semen

raskaus
moimana

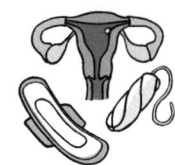

kuukautiset

dinako tsa go tla ka kgwedi
tsa basadi

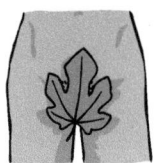

vagina

serwe sa mosadi

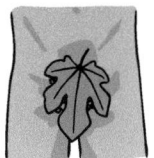

penis

serwe sa monna

kulmakarvat

dintshi

hiukset

moriri

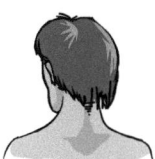

niska

thamo

sairaala
sepetlele

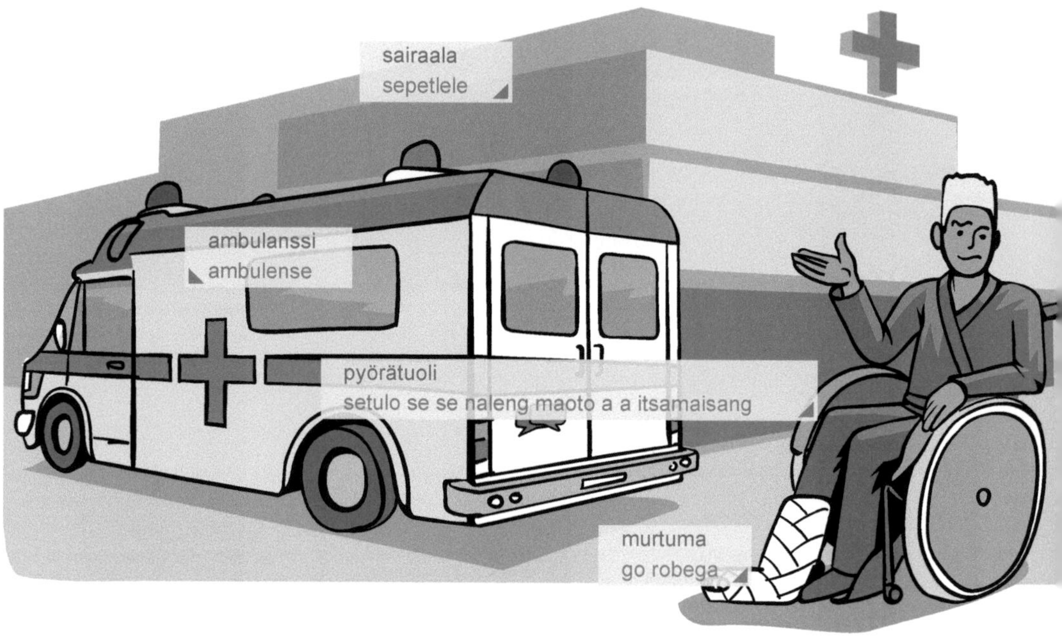

sairaala
sepetlele
ambulanssi
ambulense
pyörätuoli
setulo se se naleng maoto a a itsamaisang
murtuma
go robega

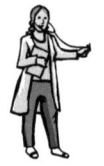

lääkäri

ngaka

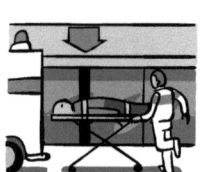

ensiapu

phaphosi ya tshoganyetso

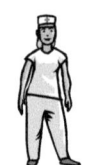

sairaanhoitaja

mooki

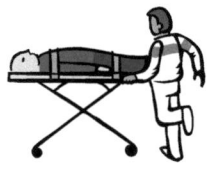

hätätilanne

tshoganyetso

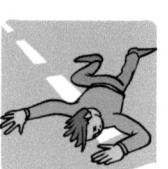

tajuton

idibala

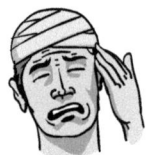

kipu

setlhabi

vamma

kgobalo

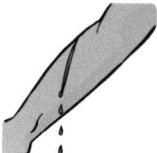

verenvuoto

go dutla madi

sydänkohtaus

tlhaselo ya pelo

aivoinfarkti

setorouko

allergia

bolwetsi

yskä

go gotlhola

kuume

fulu

flunssa

fulu

ripuli

letshololo

päänsärky

opiwa ke tlhogo

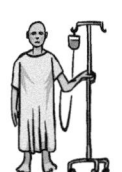

syöpä

kankere

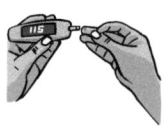

diabetes

sukiri ya mmele

kirurgi

moari

veitsi

sekalepele

leikkaus

karo

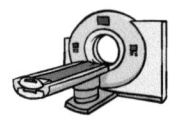

ct

CT

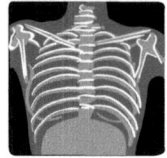

röntgen

x-ray

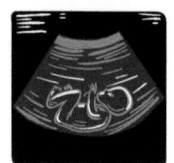

ultraääni

motšhini wa go leba mo mpeng

maski

sesira sefatlhego

sairaus

twatsi

odotushuone

phaposi boletelo

sauva

dithobane

laastari

polasetara

side

sefapho

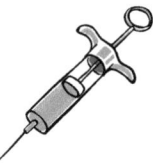

pistos

lemao

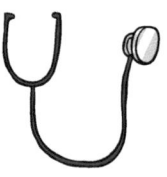

stetoskooppi

setetosekoupu

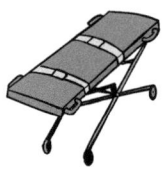

paarit

seteretšhara

kuumemittari

themometara ya bongaka

syntymä

pelegi

ylipaino

bokima jwa mmele

kuulolaite

sedirisiwa sa go thusa go utlwa

desinfiointiaine

sesireletsa dintho

infektio

tshwaetso

virus

mogare

HIV / AIDS

HIV / AIDS

lääke

melemo

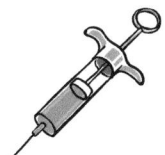

rokotus

mokento

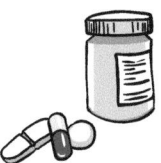

tabletit

thabolete

pilleri

pilisi

hätäpuhelu

mogala wa tshoganyetso

verenpainemittari

motšhini wa go ela tlhoko kgatelelo ya madi

sairas / terve

lwala / itekanetse

Apua!

Thusa!

hälytys

alamo

ryöstö

tshotlako

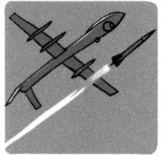

hyökkäys

tlhasela

vaara

kotsi

hätäuloskäynti

kgoro ya tshoganyetso

Tulipalo!

Molelo!

palosammutin

setima moleleo

onnettomuus

kotsi

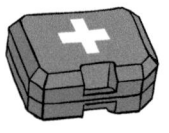

ensiapulaukku

khiti ya go thusa ka
dikgobalo

SOS

SOS

poliisilaitos

lepodisi

Eurooppa

Yuropa

Pohjois-Amerikka

Bokone jwa Amerika

Etelä-Amerikka

Borwa jwa Amerika

Afrikka

Aforika

Aasia

Asia

Australia

Australia

Atlantin valtameri

Atlantic

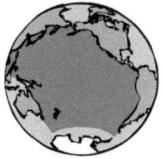

Tyynimeri

Pacific

Intian valtameri

Lewatle la India

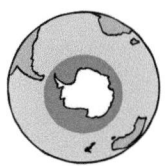

Eteläinen jäämeri

Lewatle la Antarctic

Pohjoinen jäämeri

Lewatle la Arctic

pohjoisnapa

Bokone

etelänapa

Borwa

Antarktis

Antartica

maa

Lefatshe

maa

lefatshe

meri

lewatle

saari

losi lwa lewatle

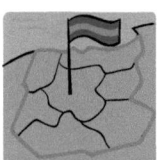

kansa

lotso

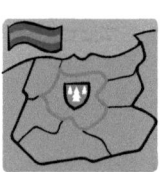

osavaltio

boemo

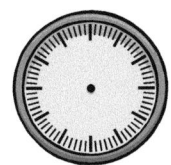

kellotaulu

lentle la tshupanako

tuntiviisari

letsogo la ura

minuuttiviisari

letsogo la metsotso

sekuntiviisari

letsogo la metsotswana

Paljonko kello on?

ke nako mang?

päivä

letsatsi

aika

nako

nyt

go ne jaanong

digitaalikello

tshupanako ya dijithale

minuutti

metsotso

tunti

ura

viikko

beke

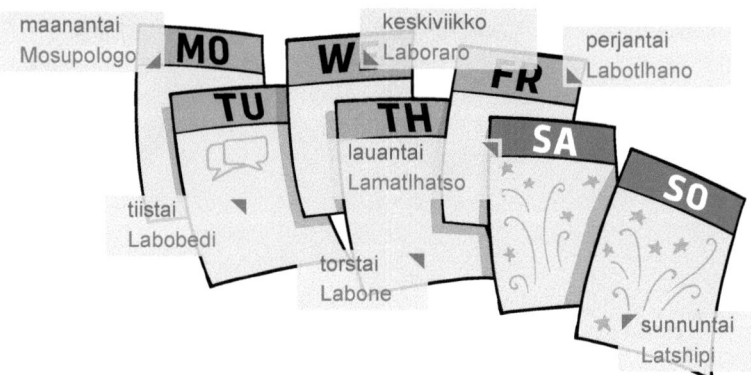

maanantai
Mosupologo
MO

keskiviikko
Laboraro
W

perjantai
Labotlhano
FR

TU

TH

SA

tiistai
Labobedi

lauantai
Lamatlhatso

SO

torstai
Labone

sunnuntai
Latshipi

eilen

maabane

tänään

gompieno

huomenna

kamoso

aamu

moso

keskipäivä

thapama

ilta

maitseboa

MO	TU	WE	TH	FR	SA	SU
1	2	3	4	5	6	7
8	9	10	11	12	13	14
15	16	17	18	19	20	21
22	23	24	25	26	27	28
29	30	31	1	2	3	4

työpäivät

malatsi a tiro

MO	TU	WE	TH	FR	SA	SU
1	2	3	4	5	6	7
8	9	10	11	12	13	14
15	16	17	18	19	20	21
22	23	24	25	26	27	28
29	30	31	1	2	3	4

viikonloppu

mafelo a beke

vuosi

ngwaga

sade
pula
sateenkaari
motshe wa badimo
lumi
letlhwa
tuuli
phefo
kevät
dikgakologo
syksy
letlhafula
kesä
selemo
talvi
mariga

4.APRIL 11°
5.APRIL 4°
6.APRIL 13°
7.APRIL 8°
8.APRIL 10°

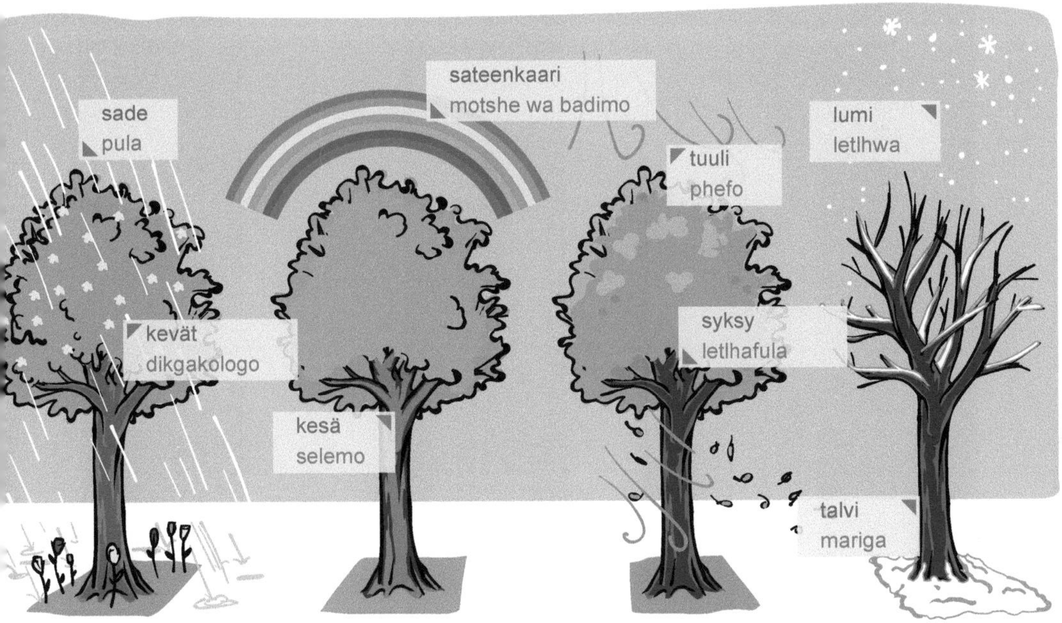

sääennuste

botsogo jwa loapi

F C
120 40
90 30
60 20
30 10
0 0
-30 -10
-20

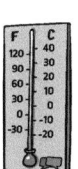

lämpömittari

themomithara

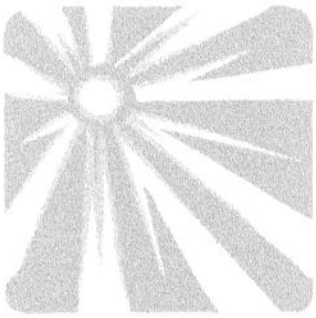

auringonpaiste

letsatsi

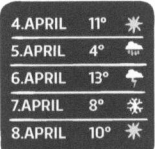

pilvi

leru

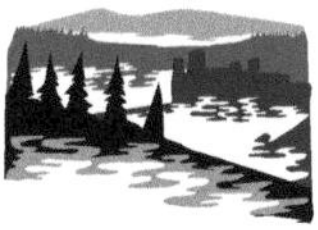

sumu

mouwane

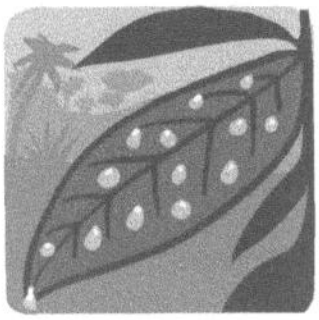

ilmankosteus

humidity

salama

legadima

ukkonen

modumo wa maru

myrsky

matsubutsubu

rae

sefako

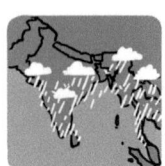

monsuuni

monsoon

tulva

morwalela

jää

aese

tammikuu

Ferikgong

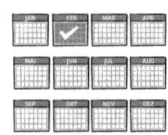

helmikuu

Tlhakole

maaliskuu

Mopitlwe

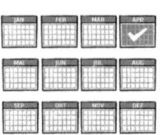

huhtikuu

Moranang

toukokuu

Motsheganong

kesäkuu

Seetebosigo

heinäkuu

Phukwi

elokuu

Phatwe

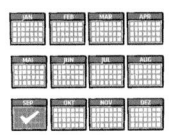

syyskuu

Lwetse

lokakuu

Diphalane

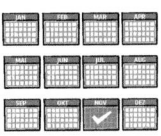

marraskuu

Ngwanaatsele

joulukuu

Sedimonthole

muodot
dipopego

ympyrä

kgolokwe

neliö

khutlonne

suorakulmio

khutlonnetsepa

kolmio

khutlotharo

pallo

khutlo

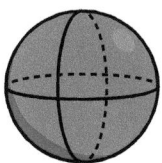

kuutio

khiubu

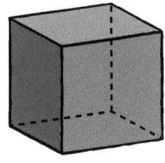

valkoinen

tshweu

keltainen

serolwana

oranssi

mmala wa namune

vaaleanpunainen

pinki

punainen

khibidu

violetti

bohibidu jo bo mokgona

sininen

pududu

vihreä

tala

ruskea

tshetlha

harmaa

tshetlha

musta

ntsho

paljon / vähän

go le gontsi / go nnye

vihainen / ystävällinen

go kwata / go ritibala

kaunis / ruma

montle / maswe

alku / loppu

tshimologo / bofelo

suuri / pieni

tonna / nnyane

vaalea / tumma

lesedi / lefifi

veli / sisko

abuti / ausi

puhdas / likainen

phepa / leswe

täydellinen / epätäydellinen

feletse / go sa felela

päivä / yö

motshegare / bosigo

kuollut / elävä

o sule / o a tshela

leveä / kapea

bophara / tshesane

syötävä / syömäkelvoton

ya jega / ga e jege

paha / kiltti

bosula / molemo

innostunut / tylsistynyt

go itumela thata / go se itumele

lihava / laiha

nonne / tshesane

ensimmäinen / viimeinen

ntlha / bofelo

ystävä / vihollinen

tsala / sera

täysi / tyhjä

tletse / lolea

kova / pehmeä

thata / bonolo

painava / kevyt

bokete / motlhofo

nälkä / jano

tlala / lenyora

sairas / terve

lwala / itekanetse

laiton / laillinen

dumelesega / dumeletswe

älykäs / tyhmä

botlhale / sematla

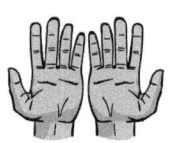

vasen / oikea

molema / moja

lähellä / kaukana

gaufi / kgakala

uusi / käytetty

sesha / ya kgale

ei mitään / jotain

sepe / sengwe

vanha / nuori

mogolo / mosha

päällä / pois päältä

tsenya / tima

auki / kiinni

bula / tswetswe

hiljainen / äänekäs

tidimalo / modumo

rikas / köyhä

khumo / lehuma

oikein / väärin

siame / phoso

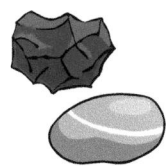

karhea / sileä

ditlhotlhori / borethe

surullinen / iloinen

hutsafetse / itumetse

lyhyt / pitkä

khutshwane / telele

hidas / nopea

bonya / bonako

märkä / kuiva

metsi / omile

lämmin / viileä

mololo / tsididi

sota / rauha

ntwa / kagiso

0	**1**	**2**
nolla	yksi	kaksi
lefela	nngwe	pedi

3	**4**	**5**
kolme	neljä	viisi
tharo	nne	tlhano

6	**7**	**8**
kuusi	seitsemän	kahdeksan
thataro	supa	robedi

9	**10**	**11**
yhdeksän	kymmenen	yksitoista
robonngwe	lesome	some nngwe

12

kaksitoista

some pedi

13

kolmetoista

some tharo

14

neljätoista

some nne

15

viisitoista

some tlhano

16

kuusitoista

some thataro

17

seitsemäntoista

some supa

18

kahdeksantoista

some robedi

19

yhdeksäntoista

some robonngwe

20

kaksikymmentä

masomamabedi

100

sata

lekgolo

1.000

tuhat

sekete

1.000.000

miljoona

milione

numerot - dipalo

englanti

Sejatlhapi

amerikanenglanti

Sejatlhapi sa Amerika

mandariinikiina

se-China

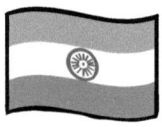

hindi

se-Hindi

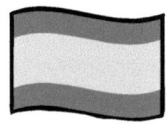

espanja

se-Spanish

ranska

se-For a

arabia

se-Araba

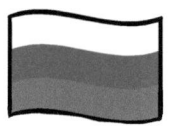

venäjä

se-Russia

portugali

se-Potokisi

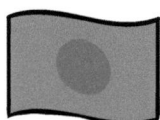

bengali

se-Bengali

saksa

se-Jeremane

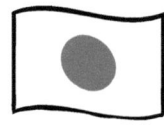

japani

se-Japane

minä

Nna

sinä

wena

hän

ene / ene / sone

me

re

te

wena

he

bone

kuka?

mang?

mitä / mikä?

eng?

miten?

jang?

missä?

kae?

milloin?

leng?

nimi

leina

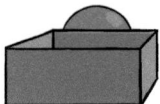

takana

mo morago

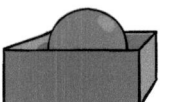

sisällä

mo

edessä

fa pele ga

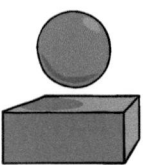

yläpuolella

godimo

päällä

mo

alapuolella

fa tlase

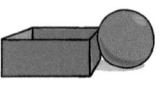

vieressä

mo thoko

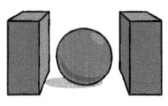

välissä

magareng

paikka

lefelo